U0814307

国家职业技能鉴定推荐教程 劳动保障部培训就业司组织评审认定

用于国家职业技能鉴定

国家职业资格培训教程

YONGYU GUOJIA ZHIYE JINENG JIANDING

GUOJIA ZHIYE ZIGE PEIXUN JIAOCHENG

会展策划师

（基础知识）

编审委员会

主　任　刘　康

副主任　原淑炜

委　员　陈建国　刘　萍　胡　斌　吴　杨

施振中　翁佩君　陈　蕾　张　伟

本书编审人员

主　编　吴　杨

主　审　施振中　翁佩君

中国劳动社会保障出版社

图书在版编目(CIP)数据

会展策划师：基础知识/中国就业培训技术指导中心组织编写. —北京：中国劳动社会保障出版社，2008

国家职业资格培训教程

ISBN 978-7-5045-7249-3

Ⅰ.会… Ⅱ.中… Ⅲ.展览会-策划-技术培训-教材 Ⅳ.G245

中国版本图书馆 CIP 数据核字(2008)第 110166 号

中国劳动社会保障出版社出版发行

（北京市惠新东街1号 邮政编码：100029）

出版人：张梦欣

*

北京市艺辉印刷有限公司印刷装订 新华书店经销

787毫米×1092毫米 16开本 8.25印张 149千字

2008年7月第1版 2016年8月第13次印刷

定价：15.00元

读者服务部电话：（010）64929211/64921644/84626437

营销部电话：（010）64961894

出版社网址：http://www.class.com.cn

前　　言

为推动会展策划师职业培训和职业技能鉴定工作的开展，在会展策划师从业人员中推行国家职业资格证书制度，中国就业培训技术指导中心在完成《国家职业标准·会展策划师》（试行）（以下简称《标准》）制定工作的基础上，组织参加《标准》编写和审定的专家及其他有关专家，编写了会展策划师国家职业资格培训系列教程。

会展策划师国家职业资格培训系列教程紧贴《标准》要求，内容上体现"以职业活动为导向、以职业能力为核心"的指导思想，突出职业资格培训特色；结构上针对会展策划师职业活动领域，按照职业功能模块分级别编写。

会展策划师国家职业资格培训系列教程共包括《会展策划师（基础知识）》《会展策划师（国家职业资格四级）》《会展策划师（国家职业资格三级）》《会展策划师（国家职业资格二级　一级）》4本。《会展策划师（基础知识）》内容涵盖《标准》的"基本要求"，是各级别会展策划师均需掌握的基础知识；其他各级别教程的章对应于《标准》的"职业功能"，节对应于《标准》的"工作内容"，节中阐述的内容对应于《标准》的"能力要求"和"相关知识"。

本书是会展策划师国家职业资格培训系列教程中的一本，适用于对各级别会展策划师的职业资格培训，是国家职业技能鉴定推荐辅导用书，也是会展策划师职业技能鉴定国家题库命题的直接依据。

本书在编写过程中得到中国会展经济研究会、上海市会展行业协会、华东师范大学上海会展学院和华东师范大学商学院等单位的大力支持与协助，在此一并表示衷心的感谢。

中国就业培训技术指导中心

目　录

CONTENTS　国家职业资格培训教程

第1章 职业道德与政策法规

第1节 职业道德

会展业在我国是一个新兴行业，其关联行业多，影响范围大，且相关法律法规建设仍不完善，在产业发展过程中出现了诸多问题。为适应这个新兴行业的要求，一定要加快职业道德建设的步伐，探索会展职业道德规范建设的新途径，不断提高会展从业人员的道德修养。

1. 职业道德的含义

职业道德是从事一定职业劳动的人们，在特定的工作和劳动中以其内心信念和特殊社会方法来维系的、应该主动遵循的、特定的心理意识、行为原则和行为规范的总和。它是人们在从事职业的过程中形成的一种内在的、非强制性的约束机制，包括职业观念、职业情感、职业理想、职业态度、职业技能、职业良心、职业作风等多方面内容。随着现代社会分工的发展和专业化程度的增强，市场竞争日趋激烈，整个社会对从业人员职业观念、职业态度、职业技能、职业纪律和职业作风的要求越来越高。

从本质上讲，职业道德是对社会行为个体履行岗位职责的一种规范，是按照职业操守规定，要求职业人的行为有益于他人和社会，主要利用职业教育、职业规范的手段，通过启迪人们的道德觉悟、激励人们的职业感情、强化人们的道德意志来养成个人良好的职业行为习惯和品质。在现实社会里，职业道德更多地表现为一种

“软性约束”，主要体现为行业规范、单位纪律、社会舆论约束和监督。也正因为如此，对职业道德的履行，不同的人有不同的认识和表现形式。

2. 职业道德的内涵

每个从业人员，不论是从事哪种职业，在职业活动中都要遵守道德。要深入理解职业道德，需要掌握以下 4 点：

（1）从内容来看，职业道德总是要鲜明地表达职业义务、职业责任以及职业行为上的道德准则。它不是一般地反映社会道德的要求，而是反映职业、行业以至产业特殊利益的要求；它不是在一般意义上的社会实践基础上形成的，而是在特定的职业实践的基础上形成的。因而，它往往表现为某一职业特有的道德传统和道德习惯，表现为从事某一职业的人们所特有的道德心理和道德品质，以至于形成从事不同职业的人们在道德品貌上的差异。

（2）从表现形式来看，职业道德往往比较具体、灵活、多样。它总是从本职业的交流活动的实际出发，采用制度、守则、公约、承诺、誓言、条例、标语、口号的形式，这些灵活的形式既易于为从业人员所接受和实行，又易于形成一种职业的道德习惯。

（3）从调节的范围来看，一方面，职业道德主要用来调节从业人员的内部关系，加强职业、行业内部人员的凝聚力；另一方面，它也可以调节从业人员与其服务对象之间的关系，用来塑造本职业从业人员的形象。

（4）从产生的效果来看，职业道德既能使一定的社会道德原则和规范“职业化”，又能使个人道德品质“成熟化”。职业道德虽然是在特定的职业生活中形成的，但它绝不是离开社会道德而独立存在的道德类型。职业道德和社会道德之间的关系，是特殊与一般、个性与共性之间的关系。任何一种形式的职业道德，都在不同程度上体现着社会道德的要求。同样，社会道德在很大程度上是通过具体的职业道德形式表现出来的。同时，职业道德主要表现在实际从事一定职业的成人的意识和行为中，是道德意识和道德行为成熟的阶段。职业道德与各种职业要求和职业生活结合，具有较强的稳定性和连续性，形成比较稳定的职业心理和职业习惯，因而能在很大程度上改变人们在学校生活阶段和少年生活阶段所形成的品行，影响个体的道德风貌。

3. 职业道德的特点

（1）职业道德适用范围的有限性

每种职业都担负着一种特定的职业责任和职业义务。由于各种职业的职业责任和义务范围不同，相应的职业道德规范也就只能在特定的、有限的职业范围内发挥约束与调节作用。

（2）职业道德发展的历史继承性

由于职业具有不断发展和世代延续的特征，不仅其技术世代延续，其员工管理的方法、与服务对象打交道的方法，也有一定延续性，因此，职业道德也相应地具有历史继承性。如“有教无类”“学而不厌，诲人不倦”，从古至今始终是教师的职业道德。

（3）职业道德表达形式的多样性

随着社会的不断进步，社会分工越来越细，向着多样化方向发展，也就决定了职业道德具有多样性。可以说，有多少种分工就有多少种职业道德。虽然职业道德的基本精神在最高的理论层次上是相通的，但不同的职业仍然有具体的职业道德标准。

（4）职业道德具有强烈的纪律性

纪律也是一种行为规范，但它是介于法律和道德之间的一种特殊的规范。它既要求人们能自觉遵守，又带有一定的强制性。就前者而言，它具有道德色彩；就后者而言，又带有一定的法律色彩。也就是说，一方面，遵守纪律是一种美德；另一方面，遵守纪律又带有强制性，具有法令的要求。例如，工人必须执行操作规程和安全规定，军人要有严明的纪律等。因此，职业道德有时又以制度、章程、条例的形式表达，让从业人员认识到职业道德具有纪律的规范性。

4. 职业道德的社会作用

职业道德是社会道德体系的重要组成部分，它一方面具有社会道德的一般作用，另一方面它又具有自身的特殊作用，具体表现在：

（1）调节职业交往中从业人员内部以及从业人员与服务对象之间的关系

职业道德的基本职能是调节职能。它一方面可以调节从业人员内部的关系，即运用职业道德规范约束职业内部人员的行为，促进职业内部人员的团结与合作。如职业道德规范要求各行各业的从业人员都要团结、互助、爱岗、敬业、齐心协力地为发展本行业、本职业服务。另一方面，职业道德又可以调节从业人员和服务对象之间的关系。如职业道德规定了营销人员怎样向客户负责，教师怎样对学生负责，医生怎样对病人负责等。

（2）有助于维护和提高企业形象

职业道德对企业形象和发展的影响主要体现在 3 个方面：

1）职业道德是企业文化的重要组成部分。企业文化是指企业内形成的独特的文化传统、价值观念和行为规范。企业文化不是通过权力和制度，而是以内在观念的形式发挥管理职能的。企业文化一经形成，便会成为一种强大的无形力量，对企业员工产生导向、凝聚、激励和控制作用，使员工的追求与企业的整体目标一致。有了好的企业文化，职工就能自觉遵守和建设职业道德。

2）职业道德是增强企业凝聚力的手段。企业是具有社会性的经济组织，在企业内部存在着各种复杂的关系。这些关系既有相互协调的一面，也有矛盾冲突的一面，如果解决不好，将会影响企业的凝聚力。这就要求企业所有的员工都应从大局出发、光明磊落、相互谅解、相互宽容、相互信赖、同舟共济，而不能意气用事、互相拆台。总之，要求职工必须具有较高的职业道德觉悟。

3）职业道德可以提高企业的竞争力。一个企业职工的职业道德水平高低，决定着企业生产力的高低。职业道德将在以下 5 个方面发挥作用：

——职业道德有利于企业提高产品和服务的质量。

——职业道德可以降低产品成本，提高劳动生产率和经济效益。

——职业道德可以促进技术进步。

——职业道德有利于企业摆脱困境，实现企业阶段性的发展目标。

——职业道德有利于树立良好的企业形象，创造企业著名品牌。

（3）促进本行业的发展

行业、企业的发展有赖于高经济效益，而高经济效益的重要来源之一是员工的高素质。员工素质主要包含知识、能力、责任心 3 个方面，其中责任心是最重要的。职业道德水平高的从业人员责任心强，相应地素质较高，能带来更多的经济效益，从而促进企业乃至全行业的发展。

（4）有助于提高全社会的道德水平

职业道德是整个社会道德的主要内容。职业道德一方面涉及每个从业者如何对待职业、如何对待工作，是一个从业人员生活态度、价值观念的表现，也是一个人道德意识、道德行为发展的成熟阶段，具有较强的稳定性和连续性。另一方面，职业道德也是一个职业集体，甚至一个行业全体人员的行为表现，如果每个行业、每个职业集体都具备优良的道德，那么对整个社会道德水平的提高肯定会发挥重要作用。

第 2 节　职　业　守　则

1. 遵纪守法，恪尽职守

会展策划师应热爱中华人民共和国，遵守国家法律、法规及其他各项规章制度，明确自身工作职责与工作权限，自觉主动地要求自己、约束自己，正确处理好公与私、苦与乐、荣与辱的关系。

2. 敬业爱岗，积极进取

会展策划师要敬业乐业，勇于承担工作职责，从一点一滴做起，充分了解和熟悉岗位要求，熟练岗位技能，同时勤学好问，积极学习，不断提高自身业务素质。

3. 文明礼貌，热情服务

会展业是服务业的分支，会展项目运营的全过程也是与客户接触沟通、为客户提供服务的过程，服务水平的高低、服务质量的好坏，直接关系到会展策划师本人的职业生涯和会展企业的生存与发展。会展策划师应始终保持诚挚服务的精神，通晓商务礼仪，为客户提供最周到的服务。

会展策划师应该做到以下 3 条：一是树立服务意识，就是要树立“顾客至上”的服务意识，使他们得到最满意的服务；二是规范服务礼仪，就是要讲文明礼貌和规范仪态仪表；三是提升服务水准，特别是不断提高服务的技术含量。

4. 诚实守信，团结协作

会展项目、会展企业乃至会展行业的生命力在于品牌形象，在于塑造和维系品牌形象的诚信意识和诚信行为。诚信既是我国传统道德文化的核心理念，又是现代经济生活中视为宪章的信条，更是会展业持续发展的基本要求。会展策划师应当正直诚实，在工作过程中实事求是、诚实守诺。

会展项目运营管理是一个系统工程，无法靠一个人完成所有工作。会展策划师应该充分调动身边的一切资源，发挥团队协作精神，与所有人齐心合力，完成各项工作任务。

5. 勤勉好学，追求卓越

会展行业关联领域广，信息量大，发展速度快，这都要求会展策划师勤勉好学，不断创新，既能熟练掌握并应用已有的会展知识和技能，又能迅速进入新的知识领域，迎接挑战，开辟新的发展空间，走向卓越。

第 3 节　我国展览业管理体制与政策法规

1. 我国展览业管理体制与管理机构

（1）全国展览业管理体制与机构

中国展览业自开始发展以来，一直没有形成全国统一的展览业行政归口管理机构，没有建立一个有机统一的管理体制和政策法规体系。

1）主要管理机构

①商务部。2003 年成立的商务部，既是内外贸的主管部门，也是商务服务业的主管部门。展览业作为商务服务业，其宏观管理实际上已纳入商务部的职能范围。但从其组建后国务院办公厅下达的“三定方案”看，并没有明确规定商务部为展览行业主管部门，仍有多个部门具有部分展览审批权和管理权。

中国商务部计划在内外贸结合的基础上，建立展览业的统一管理体制。对展览业的管理将从项目审批转向行业管理和政策调控，加快展览业的市场化进程。在管理方法上，商务部主要建立与展览业相关部门的工作协调机制，与有关部门进一步加强沟通，协调制定发展政策；正确引导展览场馆和配套设施的建设，防止出现盲目建设、资源配置不当、使用率不高，甚至闲置的状况。

②中国贸促会。中国贸促会全称为中国国际贸易促进委员会，英文名称为 China Council for the Promotion of International Trade，英文缩写为 CCPIT。

中国展览业尽管起步较晚，但已迅速发展成为“崛起的亚太展览大国”，其中，中国贸促会及全国贸促系统（包括中国贸促会直属机构、地方贸促机构和行业贸促机构，以下简称“贸促机构”）发挥了重要作用。

在全国每年 3 000 个左右的展览项目中，由贸促机构主办或参与主办的至少占 10%以上，如仅统计品牌展会或涉外经贸展会，比重还会更高。贸促机构除了在相当长的时期内是中国涉外经贸类展会的审批者外，还是重要的展览组织者；除了在国内外举办展览会，成为“一级展览组织者”以外，也作为展览组织者的重要代理机构组织企业参加国内外的各种展览。自 2001 年起，经国务院批准，所有出国展览一律委托中国贸促会审批并负责管理。目前，贸促会组织企业参加国外展览的业务比重约占全国出国展览营业额的 60%。可见，贸促机构在中国展览业的角色首先是“展览组织者”，这既有历史原因，也是贸促机构本身工作职能的需要。在亚洲，类似我国贸促会的机构很多，如日本贸易振兴会、新加坡国际企业发展局（原贸发局），同样都是重要的“展览组织者”。

从全国展览业的大局看，中国贸促会仍将继续发挥重要作用。2005 年 1 月，中国贸促会与国际展览管理协会（IAEM）、独立组展商协会（SISO）、全球展览业协会（UFI）共同在北京举办了以“开放、合作、共赢”为主题的“中国会展经济国际合作论坛”（CEFCO），探讨国际化背景下国内外展览业发展的热点和趋势，成为国内外会展业交流与对话的重要平台。中国贸促会还计划逐步开展展览行业的统计工作和展会数据的调研、审计工作，积极促进全国展览业协会的成立，推动统一、开放、竞争、有序的会展市场的形成。

2）主要管理体制

长期以来，“多头审批制”一直是我国展览行业发展的瓶颈，但近年来，这种管理体制逐渐发生了变化。

2002 年以前，国内展览（非涉外展览）先后由商业部、内贸部、国内贸易局、国家经贸委管理，国际展览和涉外经贸展览（境内举办的对外经济技术展、境外来华展）由外经贸部、科技部、中国贸促会负责审批。

2002 年以后，除文化和科技类展会外，国内展览基本取消了审批制。

2003 年，商务部成立后，进一步明确国内展览不再实行审批制。

2003 年，在我国境内举办对外经济技术展览会的主办和承办单位的资格审批取消。

2006 年，出国展组展市场准入资格审批取消。

尽管审批制坚冰告破，但就目前实际而言，除纯粹的国内贸易展外，大部分展览项目还是保留了审批制。例如，由中央各部委和省级政府主办的全国性重大展览活动须报国务院审批，涉外经贸展览须报商务部或地方商务部门、外经贸部门审批（视展出面积大小而定），科技类展会由科技部和地方各级科技部门审批，文化类展会由文化部和地方文化部门审批。此外，海关总署、国家工商行政管理局、公安部等部门实际上也参与展览业的部分行政管理。

（2）地方展览业管理体制与机构

全国有很多地方政府设立了会展统一管理机构，根据展览行业发展所需的环境和配套设施要求，对交通、通信、旅游、商检、海关等展览业务所涉及的部门进行协调，使展览业与这些部门、行业在互动中协调共进（见表1—1）。据不完全统计，截至2006年底，国内已有34个城市（包括4个直辖市、24个省会城市和6个地区中心城市）设置了会展业管理机构。其中，设置了专门会展机构的城市有沈阳、青岛、宁波、厦门、西安、深圳、昆明、南宁、吉林等，由贸促会负责会展管理工作的城市有哈尔滨、武汉、合肥、长沙等，由对外贸易发展局、贸易发展局等部门负责会展管理工作的城市有北京、上海、天津、重庆、济南、兰州、西宁、银川、拉萨、石家庄、福州、贵阳、海口、太原等。这些机构主要负责促进会展产业的战略规划和政策制定，规范会展业发展的秩序，研究、协调、解决会展业发展过程中出现的问题，也有一些同时负责承办政府主导的重大会展活动。

表1—1　　全国副省级市设置会展管理机构情况

城市	机构名称	隶属部门	成立时间（年）
哈尔滨	市会展工作领导小组办公室	哈尔滨市贸促会	2003
长春	市会展管理办公室	长春市贸促会	2001
沈阳	市会展业管理办公室	沈阳市商业局	2002
大连	市展览领导小组办公室	大连市贸促会	1996
西安	市会展管理办公室	西安市商贸局	2002
济南	市贸易服务局商贸处	济南市商服局	筹建中
青岛	市会展业发展工作领导小组	青岛市人民政府	2007
	市重大节庆活动组委会办公室	青岛市人民政府办公厅	1998
成都	市会展业发展办公室	成都市贸促会	2003
武汉	市会展工作管理办公室	武汉市外经贸局	2005
南京	市会展业管理办公室	南京市贸促会	2002
杭州	市发展会展业协调办公室	杭州市政府	2001
	市西湖博览会组织委员会办公室	杭州市政府	2000
宁波	市会展工作办公室	宁波市政府办公厅	2002
厦门	市会展协调办公室	厦门市政府办公厅	1997
广州	市会展业管理领导小组办公室	广州市协作办	2005
深圳	市会展业促进办公室	深圳市贸易工业局	2004

不过，就全国各地区的实际情况来看，各类展览会的行政管理仍归属不同的部门，地方经贸委、外经贸委、商务厅等部门同时存在，对地方展览业进行管理。此外，地方各级贸促机构、工商部门、科技部门与文化部门也分别负责管理审批地方各类展览会。

此外，为适应 WTO 的要求和中国政府行政管理体制改革的需要，各地对展览管理体制进行了新的调整，主要是减少审批，加强宏观管理，组建会展行业协会并充分发挥其作用，见表 1—2。

表 1—2　　全国副省级城市设置会展行业协会情况

城市	协会名称	成立时间（年）
哈尔滨	哈尔滨市展览业协会	1999
	黑龙江省会展业协会	2006
长春	长春市会展业协会	1999
沈阳	沈阳展览业协会	2004
大连	大连市会展行业协会	2003
西安	西安会展行业协会	2002
济南	济南市展览业协会	2003
青岛	青岛市会展业协会	筹建中
成都	成都市会议展览业协会	2005
武汉	武汉展览业协会	2002
南京	南京市会展行业协会	筹建中
杭州	杭州市会议展览业协会	2003
宁波	宁波会展行业协会	2003
厦门	厦门市会议展览业协会	1997
广州	广州市会展行业协会	2005
深圳	深圳市会议展览业协会	1989

2. 我国展览业管理的政策规章

(1) 全国性展览业管理政策与规章

为规范各类展览会，我国各部委陆续颁布实施了一系列展览管理规章、办法和政策，主要部分见表 1—3。随着展览业的不断发展、行政管理体制与方式的变革，其中部分规章已不再发挥作用。

表 1—3　　全国性展览业管理政策规章

颁布部门	政策规章名称	实施时间
商务部	《在境内举办对外经济技术展览会管理办法》	2008 年 1 月征求意见
海关总署	《中华人民共和国海关暂时进出境货物管理办法》	2007 年 5 月 1 日
商务部、贸促会	《大型出国经贸展览活动管理办法》	2007 年 1 月 1 日
商务部	《商务部举办展览会管理办法（试行）》	2007 年 1 月 1 日
商务部、贸促会	《出国举办经济贸易展览会审批管理办法》	2006 年 6 月 14 日
商务部、国家工商总局、国家版权局、国家知识产权局	《展会知识产权保护办法》	2006 年 3 月 1 日
中共中央办公厅	《关于在华举办国际会议的管理办法》	2006 年
国家文物局	《文物出境展览管理规定》	2005 年 5 月 27 日
商务部、海关总署	《海关总署、商务部关于在我国境内举办对外经济技术展览会有关管理事宜的通知》	2004 年 3 月 12 日
商务部	《设立外商投资会议展览公司暂行规定》	2004 年 1 月 13 日
国家经济贸易委员会	《专业性展览会等级的划分及评定》商业行业标准	2003 年 3 月 1 日
国家经济贸易委员会	《关于举办全国性非涉外经济贸易展览会有关事项的通知》	2003 年 2 月 17 日
中国商业联合会	《中国商业联合会会展活动管理暂行办法》	2003 年 2 月 8 日
科技部、外交部、海关总署、国家工商行政管理总局	《国际科学技术会议与展览管理暂行办法》	2002 年 1 月
财政部	《出国展览经费支出管理暂行办法》	2001 年 12 月 27 日
对外经济贸易合作部	《关于审核出国（境）举办经济贸易展览会组办单位资格的通知》	2001 年 7 月 23 日
对外经济贸易合作部	《对外经济贸易合作部关于出国举办经济贸易展览会归口协调审批管理办法》	2001 年 2 月 15 日
信息产业部	《信息产业部展览管理暂行规定》	2000 年 1 月 1 日
财政部	《外企参展后销售展品的税务处理问题的批复》	1999 年 4 月 26 日
对外经济贸易合作部	《在祖国大陆举办对台湾经济技术展览会暂行管理办法》	1998 年 12 月 1 日
经贸部	《经贸部关于举办对外经济展览会管理暂行办法》	1998 年 10 月 1 日
对外经济贸易合作部	《对外经济贸易合作部关于来华举办经济技术展览会审批规定》	1998 年 4 月 29 日

续表

颁布部门	政策规章名称	实施时间
外经贸部、国家工商行政管理局	《关于审核境内举办经济技术展览会主办单位资格的通知》	1998 年 1 月 7 日
国家工商行政管理局	《商品展销会管理办法》	1998 年 1 月 1 日
文化部	《文化部涉外文化艺术表演及展览管理规定》	1997 年 8 月 1 日
文化部	《文化艺术品出国和来华展览管理细则》	1993 年 10 月 12 日

（2）地方性展览业管理政策与规章

为了促进本地区会展业健康、快速发展，弥补全国性会展政策供给的缺失，许多地方政府结合本地情况，根据本地会展业，特别是展览业发展的需要，陆续出台了相关的管理、协调与促进性政策和规章，在地方展览业发展中发挥着重要作用。以 4 个直辖市和 15 个副省级市为例，出台的主要地方性政策规章见表 1—4。

表 1—4　　全国直辖市与副省级市出台的主要会展政策规章

城市	颁布部门	名称	实施时间
北京	北京市人民政府	《北京市人民政府关于修改〈北京市展览、展销活动消防安全管理暂行规定〉等 27 项规章部分条款的决定》	2004 年 7 月 1 日
天津	暂未收集到		
上海	上海市对外经济贸易委员会、上海市科学技术委员会、上海市教育委员会	《上海市国际展览项目审查实施细则（试行）》	2005 年 5 月
	上海市人民政府	《上海市展览业管理办法》	2005 年 5 月 1 日
重庆	暂未收集到		
哈尔滨		《哈尔滨市展览会管理暂行办法》	拟订中
	哈尔滨市科学技术局	《哈尔滨市会展中专利保护和管理工作办法》	2005 年 8 月 1 日
长春	长春市人民政府	《长春市展览业管理办法》	2007 年 1 月 10 日
沈阳	沈阳展览业协会理事会	《沈阳市展览业行规行约（试行）》	2004 年 8 月 1 日
大连	大连市财政局、大连市贸促会	《大连市展览业发展资金管理暂行办法》	2007 年 1 月 15 日
	大连市政府办公厅	《“十一五”期间大连市会展业发展的指导目录》	2006 年 3 月 25 日
	大连市统计局	《大连市展览业统计管理实施办法》	2006 年 3 月 13 日
	大连市展览工作领导小组	《大连市展览会管理暂行办法》	1999 年 1 月 1 日

续表

城市	颁布部门	名称	实施时间
西安	西安市商贸局	《西安市会展管理条例》	列入 2008 年立法项目，制定中
	西安会展行业协会	《西安展装展示企业资质等级标准及评定办法》	2005 年 9 月 15 日
	西安市人民政府	《西安市人民政府关于发展会展经济的若干意见》	2003 年 12 月 1 日
	西安会展行业协会	《西安会展业行规》	2003 年 5 月
济南	济南市贸易服务局、济南市安监局	《济南市会展场所安全管理规定（试行）》	2005 年 6 月 14 日
成都	未收集到		
青岛	青岛市人民政府办公厅	《青岛市会展业管理暂行办法》	2007 年 11 月 2 日
武汉	武汉市知识产权局、市工商局、市新闻出版局、市外经局	《武汉市人民政府关于加快武汉会展业发展的若干意见》	2004 年
	武汉市人民政府	《市知识产权局、市工商局市新闻出版局、市外经局关于加强我市会展业知识产权管理与保护工作意见》	2004 年
南京	南京市政府	《南京市政府关于加快南京会展业发展的若干意见》	2007 年 4 月 9 日
		《南京市展览业管理办法》	
		《南京市专业性展览会等级划分评定实施意见》	
杭州	杭州市政府办公厅	《杭州市大型活动安全管理条例》	2007 年 3 月 1 日
	杭州市政府办公厅	《关于促进杭州会展业发展的若干意见》	2006 年 3 月 15 日
宁波	宁波市政府会展办公室	《宁波市展览业管理暂行办法》	2005 年 6 月 30 日
	宁波市人民政府	《关于加快宁波市会展业发展的若干意见》	2003 年 1 月 8 日
厦门	厦门市科学技术局	《厦门市科学技术会议与展览管理及资助办法》	2008 年 4 月 13 日
	厦门市贸易发展局、厦门市工商局	《厦门市展览业管理暂行办法》	2004 年 5 月 1 日
	厦门市财政局、厦门市贸易发展局、厦门市政府会展办公室	《厦门市鼓励会展发展专项资金使用管理试行办法》	2003 年 11 月 11 日
	厦门市人民政府	《厦门市人民政府关于促进会展业发展的若干意见》	2003 年 5 月 7 日

续表

城市	颁布部门	名称	实施时间
广州	广州市人事局	《广州市会展管理专业技术人员职业水平评价暂行办法》	2006 年 9 月 30 日
	广州市知识产权局、广州市工商行政管理局、广州市版权局	《广州市展会知识产权保护工作实施意见》	2006 年 9 月 28 日
	广州市会展业行业协会	《广州市会展业行业规范》	2006 年 2 月 1 日
	广州市会展业行业协会	《广州市会展业行业协会自律公约》	2006 年 2 月 1 日
	广州市协作办公室、市工商局、市外经贸局	《关于加强广州市会展业管理的意见》	2005 年 8 月 6 日
深圳	深圳市人民政府办公厅	《深圳市会展业及国内参展财政资助资金管理暂行办法》	2006 年 11 月 21 日
	深圳市人民政府办公厅	《关于发展深圳会展业的意见》	2004 年
	深圳会议展览业协会	《深圳市展示设计企业资质等级标准》	2004 年 11 月 1 日
	深圳会议展览业协会	《深圳市展示施工企业资质等级标准》	2004 年 11 月 1 日
	深圳市会议展览业协会	《深圳会议展览业行规》	2003 年 4 月

此外，其他地区也有一些比较重要的地方性会展政策规章陆续出台，见表 1—5。

表 1—5　　　　　　　　　其他地方性会展规章

颁布部门	名称	实施时间
石家庄市政府	《石家庄市会展业管理办法》	2008 年 3 月 1 日
合肥市财政局、合肥市商务局、合肥市会展办	《合肥市会展发展专项资金使用管理办法》	2006 年 4 月 5 日
长沙市政府会展管理办	《长沙市会展管理办法》	2005 年 12 月 1 日
长沙市人民政府办公厅	《关于进一步规范以市政府名义举办的会展活动的通知》	2004 年 12 月 3 日
广东省知识产权局	《广东省会展知识产权保护工作指引（试行）》	2005 年 10 月 1 日
四川省整规办	《四川省会展知识产权保护政策》	2005 年 3 月 24 日
江苏省知识产权局、江苏省工商行政管理局、江苏省版权局	《关于对我省举办的大型会展知识产权监督管理的意见》	2002 年 3 月 12 日
香港贸易发展局	《香港贸易发展局展览会保护知识产权措施》	2000 年 1 月 1 日
安徽省人民政府	《安徽省人民政府关于进一步规范开展各类展览和招商活动的通知》	1999 年 6 月 28 日

就政策而言，各地方性展览业政策的内容主要涉及以下几个方面：

1）促进发展政策

2003 年，有 23 个城市将发展会展业写入本地《政府工作报告》，将会展业作为市政府首要工作之一。一些城市已将会展业发展提升到与城市发展同等重要的高度。

北京市政府已经把会展业列为重点发展的产业之一，特别是在北京成功申办 2008 年奥运会之后，更加重视国际性会展活动的发展。

上海市政府在产业结构调整与升级规划中，把会展业作为服务经济产业的一个重要方面，确定了将上海建成国际性会议展览中心的战略目标；提出以 2010 年世博会为契机，大力完善基础设施建设，大力吸引外资投资会展业等发展规划。

合肥市在 2004 年下发的《关于加快会展业发展的若干意见》中明确鼓励办会办展，以此带动第三产业发展、促进地区经济增长，逐步使会展业成为该市新的经济增长点，并经过 5～10 年的努力，把合肥打造成中西部地区乃至全国有名的会展新城。

大连市政府早在 1996 年就把会展业作为新的经济增长点，将会展业纳入政府工作日程，为当地会展业的发展提供组织保证。“十一五”期间，大连将继续引导全市会展业持续、快速、健康地发展，努力夯实东北亚国际会展名城的基础。

2）规范管理和市场监督政策

在全国各地出台的条例、办法、通知和意见中，常常包含加强对展览主体经营资质的审核、展览市场的规范管理、展览资源的综合利用，以及对整个展览行业的宏观调控的内容。

广东省在 2005 年 9 月下发的《广东省会展知识产权保护工作指引（试行）》中，提出为维护广东省会展业的正常交易秩序，及时处理会展中出现的知识产权纠纷，知识产权管理部门应当加强会展中知识产权保护工作的指导和监督，会展主办单位则可以结合实际，制定展品审查备案、参展承诺、投诉处理、涉嫌侵权产品管理以及宣传培训等知识产权保护制度。

2006 年 3 月 25 日，大连市政府办公厅正式行文，向各区、市、县人民政府，各先导区管委会和市政府有关部门发布《“十一五”期间大连市会展业发展的指导目录》，对鼓励类和限制类的会展项目，分别明确了范围和相应政策。

安徽省对不同级别的展览组织和参展活动作出了规定，需财政给予支持的展览活动，省审计、财政部门要加强财务检查和审计监督。

深圳市在《深圳会议展览业行规》中规定，在申办同类展览时，使用同一展馆或不同展馆但在同一展期的，上一年已经在深圳成功举办过该展览的申办单位具有优先权。

西安市在《西安市会展管理条例（草案）》中规定：为控制重复办展，避免无序竞争，内容相同的会展间隔时间至少在 3 个月；冠以“全省”“陕西”等字样的各类会展，应持省行业主管部门的批准文件；逐步建立会展企业及品牌会展的评定认证体系，按照业绩、信誉、规模、社会影响力等内容确定资质等级，以资质代替资格，建立展览会商标注册体系和品牌认证体系，保护会展业知识产权等。

3）财政支持与鼓励政策。全国各地在财政支持、鼓励政策的内容与实施方式方面差别较大。经济实力较强或重点发展会展业的城市往往或将这种支持与奖励列入财政补贴之列，或设立专项基金；而一般的地区或城市只是对具体的展会进行个别的、一次性的补贴或奖励。

南京市政府除设立会展发展专项资金，用于扶持和奖励引进项目、自办新项目、联合举办大型展会以及成绩优异的企业和个人外，市财政每年还将再拿出 500 万～800 万元设立会展专项资金，重点用于南京会展环境宣传、品牌展会培育、大中型会展的引进，以及一定规模以上展览摊位的补贴。

长春市市政府每年都拿出近 1 000 万元支持当地会展业发展。

大连市政府从 2000 年起，每年投入一定资金，扶持会展业，这部分资金并不是直接补贴到展会项目上，而是运用于整体宣传和邀请、接待国内外采购商和贸易商，目的是促使有一定规模的展会向国际化、专业化方向发展。

济南市对从国内外引入该市举办、拉动旅游经济作用显著，或设置 600 个以上国际标准展位（或相当于同等面积的特装展位），其中 70%以上展位是外地参展单位的国际性、全国性大型展会，给予两万元奖励。

深圳市每年提供五六百万元人民币的政府补贴，但并不直接补贴到企业，而是由市贸易发展局在主管业务中进行补贴和分配。

安徽省规定：对会展项目，属经济社会成就展的，省财政给予经费支持；属招商引资的，给予摊位费外的其他经费支持；属商品展销活动的，解决综合性宣传费用。

西安市把发展会展业的经费纳入财政预算，用于支持申办大型展会，奖励有突出贡献的单位和个人。对于申办国际、国内有重大影响的大型展会成功者，市政府明确规定给予申办者 10 万元以上的奖励。

厦门市财政每年度安排会展业发展专项资金，主要用于会展业和“中国投资贸易洽谈会”“厦门对台出口商品交易会”等重点展会的总体形象宣传以及基础性、保障性工作的公共支出。展会达到一定规模的，按展会性质、展位规模对申办、招揽并承办成功的单位、个人给予一定的奖励，对主（承）办单位给予一定的扶持，对大型展览活动给予经费支持。

宁波市设立会展业发展专项基金，专项基金由市财政专项拨款、国内外企事业单位和个人赞助、从市国际会展中心经营收入中提取一定比例的资金等多渠道来源，用于重点扶持和奖励在市会展中心举办的、新引进和新创办的、符合产业发展方向的展会项目。

4）税收优惠政策。除会展项目的财政支持、鼓励政策外，对于展览组织者来说，另一种直接的支持体现在税收优惠政策方面。

西安市鼓励国内外投资者来西安创办展览企业，凡注册资金在500万元以上的新办展览企业，自开办之日起，两年内免征企业所得税。

厦门市政府规定，新成立的会展企业，经主管税务机构批准，可享受税收优惠政策。

宁波市对新开办的展览企业和项目提供优惠的税收政策和注册登记审批办法。

特别值得一提的是，2003年，为了应对非典危机对包括展览业在内的部分服务行业的影响，许多城市出台了临时税费减免政策，如北京、上海、杭州、南京、宁波等地。

5）人才开发政策。为解决会展业人才匮乏的问题，全国各地除举办培训班，培养展览管理、组织方面的专业人才之外，也出台人才引进和人才开发的促进政策，吸引会展人才，合理配置会展人才，提升会展人才的层级与水平。

长春市的会展专项资金除用于扶持重点展会，奖励有突出贡献者、项目开发外，也用于会展人才培训。

大连市展览工作领导小组组织全市各办展单位，举办展览业务培训班，学习和领会国家有关政策法规，提高依法办展的自觉性。

厦门市鼓励会展企业单位引进和培养人才，会展企事业单位引进大学本科以上学历或中级以上职称的人才，按市委的有关优惠政策执行。

6）促进展览业对外合作政策。国内大多数城市都支持和鼓励国外有实力的会展公司在当地投资，设立独资或合资公司，引进具有国际品牌的会展项目。

广州民营企业光亚展览贸易有限公司与全球第二大展览公司德国法兰克福展览公司共同出资参股成立的广东首家中外合资展览公司——广州光亚法兰克福展览有限公司，于2005年10月11日在广州正式成立。其中，光亚与法兰克福分别投资1 250万美元，各占50%股份。

上海新国际博览中心由汉诺威、杜塞尔多夫、慕尼黑3家德国展览公司与上海浦东开发区共同合资建成，德方拥有50年的经营管理权。

天津泰达集团与新加坡展览集团合资组建展览公司，经营管理天津滨海国际会展中心。

在“引进来”的同时，一些城市也积极促进当地会展企业组织国内企业“走出去”参加境外展览活动。

大连市实施内外展并举，力求在国际著名展会上崭露头角，从1999年开始对出展工作进行统筹规划。

宁波市由贸促会宁波分会、宁波市经贸委、市财政局等对宁波市的出展进行审核，符合出国展览条件的企业可凭单据报销，获得总额30%～50%的财政补贴。

思考题

1. 职业道德的含义是什么？

2. 应该怎样理解职业道德？

3. 职业道德有哪些作用？

4. 会展策划师应该遵守哪些职业守则？

5. 请随时关注并总结我国全国性与地方性会展政策与法规的颁布情况，并结合自己所在地会展业发展的情况，谈谈你对本地会展管理政策法规的看法。

第2章 会展基础

第1节 会展与会展业

1. 会展的概念与类型

（1）会议的概念与类型

会议，是指一个群体在特定的时间、地点聚集，有计划、有组织地就某些议题进行集中研究、讨论、交流的集体活动方式。

根据不同的划分标准，可以将会议划分为不同类型。

1）按会议的举办主体划分，可以分为协会会议、公司会议和其他机构会议。协会是会议最主要的举办机构，不同地域范围内的协会、不同行业类别的协会每年都要举办大量的会议。各类公司会单独或共同举办销售会议、经销商会议、管理会议、培训会议、股东会议等。此外，政府部门、宗教组织、政治团体等其他机构也会经常召开各类会议。

2）按与会者的来源范围划分，可以分为国际会议、全国会议、地方会议、单一机构会议。其中，国际会议因影响大、复杂度高、价值突出而最受关注。许多国际会议组织都对国际会议的概念进行了界定。如国际大会和会议协会（ICCA）规定，国际会议的与会者来自 4 个以上国家；与会人数 300 人以上，其中国外人士占 40%以上，会期为 3 天以上。

3）按会议的形式划分，主要可以分为以下类型（见表 2—1）：

表 2—1　　会议类型（按会议的形式划分）

类型	特　点
年会、例会（convention）	年会指就某特定议题展开讨论的会议，议题可涉及政治、贸易、科技等领域，但多用于贸易领域。多数年会是周期性的，最常见的周期是一年一次
大会（conference）	大会和年会没有实际意义上的区别，用于科技领域较多，其周期性不如年会明显
代表大会（congress）	代表大会与大会相似，往往在会议中有代表讨论、投票决定某一议题的议程
报告会/讲座（lecture）	报告会/讲座是一种较为正式的会议活动，通常由一位专家做单独讲解或示范，会后有时安排听众提问
论坛（forum）	论坛的特点是反复深入的讨论，一般由会议讨论小组组长、演讲者或会议主席来引导、协调和主持。论坛通常都具有一定的规模
研讨会（seminar）	研讨会同样具有充分的参与性，往往由一位主持人协调各方。很多研讨会有训练学习的目的，与会者要注册，有时要付费。与论坛相比，这种会议形式更适用于较小的会议团体
座谈会（panel discussion）	针对专门问题的讨论和座谈，由一位主持人来主持
专题研讨会（symposium）	某一领域的一些专家集会，就某一特定主题请专家发表论文，并共同讨论
讨论分析课（clinic）	讨论分析课通常用于培训，就某一主题进行指导和演练
静修会（retreat）	静修会通常是小型会议，一般在较边远的地区召开

需要指出的是，了解以上会议类型的主要目的是要明确不同类型会议的需求差异，及其会议举办权归属的不同。确定差异，确定不同会议类型的负责人，则便于开展会议营销与实施工作。

（2）展览的概念和类型

1）展览的概念。对于展览的理解或定义有很多，美国博物馆学学者 G. Ellis Burcaw 对展览的定义是：展览（exhibition），有别于陈列（display）、展示（exhibit），它是由具有艺术性、历史性、科学性与技术性的对象所构成的集合装置，以此来引导观众在展示单元间移动，创造意义或产生美感，伴随有展示说明或图标来诠释内容或引起观众的注意。

我国有学者这样认识展览：展览是在特定的时间和空间条件下，通过各种方式对公共信息、产品、技术、服务等进行集中陈列、展示、观看和交易，达到教育、宣传、交流、合作或招商引资目的的社会活动形式。

全球展览业协会 UFI（法文 Union des Foires Internationales，英文 the Global Association of the Exhibition Industry）对展览的定义是：展览是一种市场活动，

是在特定时间内，众多厂商聚集于特定场地陈列产品，从而推销其最新产品或服务。目前，UFI 这个定义被人们广泛接受。

现代展览是由若干相互联系的要素有机构成的一个系统，在这个系统中存在五大基本要素：一是展览会的参展主体，即展览会的主要服务对象——参展商；二是展览会的经营部门或机构，即专业行业协会和展览公司，是展览会的组织者；三是展览会的展示场所，即展览馆或展览中心；四是展览服务商，即为展览会提供服务的企业，如搭建商；五是参观展览的观众。

2）展览的类型

①按性质划分，可将展览分为贸易展览和消费展览。贸易展览是为产业即制造业、商业等行业举办的展览，展览的主要目的是交流信息、洽谈贸易；消费展览基本上都展出消费品，目的主要是直接销售。展览的性质由展览组织者决定，可以通过参观者的构成反映出来：对行业专业人士开放的展览是贸易性质的展览，对公众开放的展览是消费性质的展览。具有贸易和消费两种性质的展览被称为综合性展览。

②按内容划分，可将展览分为综合展览和专业展览。综合展览指包括全行业或数个行业的展览会，比如工业展、轻工业展；专业展览指展示某一行业甚至某一项产品的展览会，比如钟表展。专业展览会的突出特征之一是常常同时举办讨论会、报告会，用以介绍新产品、新技术等。

③按规模划分，可将展览分为国际、国家、地区、地方展览，以及单个公司的独家展览。这里的规模是指展出者和参观者所代表的区域规模，而不是展览场地的规模。不同规模的展览有不同的特色和优势。

④按时间划分，可将展览分为定期和不定期展览，定期展览有一年四次、一年两次、一年一次、两年一次等，不定期展览则视需要而定。也可以分为长期和短期展览，长期展览可以是三个月、半年，甚至是常设展览，短期展览一般不超过一个月。在发达国家，专业展览会一般是 3 天。在英国，一年一次的展览会占展览会总数的 3/4。展览时间的安排通常受财务预算、订货时间以及节假日的影响，有淡季、旺季之分。根据英国展览业协会的调查，3—6 月及 9—10 月是举办展览会的旺季，12 月至次年 1 月以及 7—8 月为举办展览会的淡季。

⑤按展览场地划分，可分为室内展览、室外展览、巡回展览和流动展览。室内展览多用于展示常规展品，比如纺织展、电子展等；室外展览多用于展示超大超重展品，比如航空展、矿山设备展。在几个地方轮流举办的展览会被称作巡回展览。流动展览则是利用飞机、轮船、火车、汽车作为展览场地的展览。

2. 会展业的概念、特点与作用

(1) 会展业的概念

传统的产业经济学观点认为，产业是主要业务或产品大体相同的企业类别的总称，即一个产业是由同类企业（指经营相同的主要业务或生产同类的产品）构成的。有鉴于此，许多经济学家虽十分赞成“会展经济”的提法，但同时又认为，从理论上讲，会展业不能构成一项标准的产业。其主要原因有以下3方面：

其一，如果作为一项产业，会展业的投入和产出难以清晰地测算，因为会展产品是由若干相关的产业共同提供的，最后的利润也流向了不同类型的企业。

其二，会展业不是由同类企业构成的，会议策划或服务公司、展览公司、展品运输公司、展示设计和搭建公司等企业的业务和产品存在明显的区别。

其三，绝大多数会展企业隶属于某个传统的标准行业，如展品运输公司隶属于交通运输业，展台设计与搭建隶属于广告业，与会者和参展商的住宿接待机构隶属于饭店业等。

然而，在许多国家或地区的社会经济生活中，会展业的确客观存在并蓬勃发展着。从广义上来说，会展业由会议、展览和大型活动业共同构成；但就行业内的常见观点而言，会展业则主要由会议业和展览业共同构成。

会展业是指由会展经济运动而引起的相互联系、相互作用、相互影响的相关企业的总和，是现代经济体系的有机组成部分。它是以会议和展览的组织承办为中心，以完善的基础设施和配套服务为支撑，由各相关企业共同构成的一种综合性产业。通过举办各种形式的会议或展览活动，会展目的地能够吸引大量与会人员、参展商、贸易商及一般公众进行经贸洽谈、文化交流或旅游观光，以此带动该地区相关产业的发展。

关于这个定义，需要着重把握以下几点：

第一，会展业是一项综合性的产业，它能给会展活动的举办地带来可观的直接经济效益和巨大的间接经济效益。

第二，与旅游业一样，会展业不像传统产业那样容易被界定，但这恰恰说明了会展业的综合性特点，而不能改变其客观存在的产业本质。

第三，从产业角度看，会展业属于第三产业的范畴，是第三产业的一个重要组成部分。

第四，将会议和展览共同理解为会展业，主要是出于会议与展览活动的高度融合，并且都伴随着人员的大规模流动和消费、对当地社会经济的拉动机制极为相似等原因。

（2）会展业的特点

现代会展业除了具有现代服务业的共性外，还有以下较为突出的特点：

1）表征性。一方面，会展业通过各项会议和展览活动传递信息，这种方式本身就具有很强的表达与展示性质；另一方面，会展业是经济发展的“晴雨表”“风向标”，这说明会展业的发展在很大程度上反映了总体经济的发展情况。因此，会展产业首先具有表征性，对经济运行状况具有表征作用。

2）关联性。会展业是一个产业关联度极高的行业。会议展览的举办不仅仅使会展业内受益，还带动了相关产业，如建筑、设计、施工、交通、运输、通信、银行、咨询、信息、广告、公关、礼仪、餐饮、住宿、购物、旅游等行业的繁荣和发展。有关资料显示，国际会展业的产业带动系数约为1∶9，即会展活动的直接收入若是1，则住宿、餐饮、运输、通信、旅游、贸易等相关收入将达到9。

3）效益性。会展业一向被人们认为是一个高收入、高赢利的行业，其利润率往往在20%以上。除了经济效益之外，会展业的飞速发展还在推动城市基础设施建设、加强信息沟通、增强技术交流和贸易往来、提升举办地社会形象、提高城市知名度等方面起着不可替代的作用。

4）集聚性。会展活动作为会展业的核心内容，与一般经济活动的区别就在于能在确定的时间和地点实现大规模的人员集中，进而实现信息流、技术流、商品流和财富流的集中。这种集聚性可以很好地消除时间和空间的差异，大大降低经济活动中的交易费用，在某种意义上形成一种集聚经济效果。

5）开放性。开放性是与集聚性相伴相生的。在整个国民经济中，会展业要想实现各种要素流的集聚，前提是各要素存在于一种开放性的经济形态当中，而会展业本身也必须具有这样的开放性，才有可能推动整个产业良性发展。同时，会展业的发展必然引起社会资源和要素在更广阔的空间流动，这必然提高各地区的开放性，有利于整个世界形成一个更加开放的体系。

6）地域性。会展业的发展“嵌于”地方环境内，会展项目的形式与内容深受当地经济、政治、文化等因素的影响，而同样的会展活动可能在不同的地域表现出不同的特点。相应地，会展产业的总体定位和发展方向也因地而异。

7）专业性。会展项目的顺利运营需要依靠专门的管理机构、完备的场馆设施、优秀的专业人才、成熟的行业协会和先进的配套技术等条件。这说明会展业具有极强的专业性，其合理科学的发展是一项庞大的系统工程。

（3）会展业的作用

会展业的发展，对一个城市或地区的经济、政治、社会和文化等方面的发展都有着重要的促进作用：

1）创造直接经济效益。会展业一般被认为是高收入、高赢利的行业，到 20 世纪末，全球的会展业已发展成为一个年营业收入达 2 800 亿美元的重要产业。美国一年举办 200 多个商业展览会带来的经济效益超过 38 亿美元，法国展会每年营业额达 85 亿法郎，展商的交易额高达 1 500 亿法郎。

2）带动相关产业发展。会展活动的举办对于举办地的相关产业带动效应较强，这里的相关产业包括印刷业、酒店业、餐饮业、零售业、旅游业、通信业、交通业、广告业、航空业等。据美国展览研究中心（CEIR）统计，2000 年，美国举办了 13 000 个展览会，直接收入约 120 亿美元，与展览会相关的社会综合消费约 1 250 亿美元，展览会的经济带动比例为 1∶10。德国 2000 年展览业从业人员约 10 万人，展览会销售收入为 45 亿马克，拉动参展商和贸易观众直接消费 170 亿马克，创造社会综合价值 410 亿马克，经济带动比例为 1∶9.1。在我国，大连曾对其某一本地性展会的拉动系数进行调研，得出 1∶8.5～1∶9 的结论；上海的调研则显示该地区会展业带动系数为 1∶6～1∶9。

3）促进产业结构调整。会展活动的开展使会展举办地区聚集了大量的资金、技术、商品以及新的思想、知识，使参与会展活动的企业和机构及时了解到市场发展的最新动态及趋势，从而调整产品结构及未来产业发展方向及投资方向，这就对各产业的供给结构和需求结构产生了重要的影响，从而引起整个社会产业结构的调整。

4）增加就业机会。作为一种新兴的第三产业，会展业具有很强的行业相关性，可以为社会提供大量的就业机会。据英国展览业联合会调查，每增加 1 000 平方米的展览面积，就可以创造近百个就业机会。在香港地区，一年的会展活动可大约为香港居民提供 9 000 多个就业机会；在欧洲，一个中等规模的会展中心每年可提供 1 万个就业岗位。阿姆斯特丹汽车展每年为旅馆业增加约 30 万个房间预订、4 500 万欧元的收入和近 5 000 个工作岗位。2000 年在德国汉诺威举办的世界博览会，德国政府为此拨款 70 亿马克进行基础设施建设，创造了 10 万个就业机会，获得了 145 亿马克的利润及 45 亿马克的税收。

5）促进交流合作。会展活动能起到推广和展示新技术、新产品、新工艺的作用。回顾历史，许多划时代的发明创造，比如电话机、留声机、蒸汽火车、电视机等都是在展览会上首先展示和推广的。此外，会展活动还能起到传播信息、知识、观念的作用，能促进国外与国内、政府与企业、企业与企业、企业与消费者以及社会各主体之间的沟通、交流与合作。

6）推动城市发展

首先，推动城市基础设施和其他相关硬件设施的建设。随着会展业的不断发展，会展场馆的数量不断增加，从而加快了对基础设施的直接投入，带动城市环境发展。昆明世界园艺博览会仅场馆建设投资就达16亿元，相关基础设施和环境治理的投资多达200亿元，新建和扩建城市街道690条，建成20多座立交桥和10座行人天桥，使昆明的城市建设至少加快了10年。

其次，提高会展所在城市的知名度。国际会议或展览影响大，通常是新闻媒体报道的焦点，会引起各方面的广泛关注，从而可以扩大举办国的政治影响，提高会展所在城市的知名度。城市知名度提高后，又会通过吸引投资、促进旅游发展来推动城市经济的发展。汉诺威是德国下萨克森州的首府，第二次世界大战期间，大半个城市曾被毁。1947年，英国作为战胜国，在其占领区倡议举办了第一届汉诺威博览会。60多年来，汉诺威国际博览会已发展成为世界最大的工业博览会。展览会不仅为全世界提供了一个沟通交流的机会，也大大提高了汉诺威的知名度，并给汉诺威带来了滚滚财源。

再次，提升城市居民素质。不同的会展活动通过各种载体传播着大量的信息。无论是经济信息还是文化信息，其背后都蕴含着丰富的文化内涵，具有鲜明的民族个性。会展活动也成为各文化观念碰撞和智慧汇聚的场所，会展参与者（包括会展所在城市的市民）则会在其中感受各种文化信息，不知不觉地接受多元文化的影响，在文化交融的过程中充实自身，进而使城市的文化表情更加丰富，文化内涵更加深刻，这也是会展文化传播功能的重要体现。

第2节　会展业的发展历史与现状

1. 国际会展业的发展历史与现状

（1）国际会展业的发展历程

作为一种人类活动形式，会展活动已经有几千年的发展历史，会议是人们的集会商议方式，展览则是最古老的市场形式。发展至今，会展业已成为一个成熟的、庞大的行业。会展活动的形式还将继续变化以适应社会、经济和贸易发展的需要。

由于会展业发展过程的信息十分庞杂分散，难以理清其发展脉络与阶段，因此此处的国际会展业发展历程主要指欧美等发达地区展览业的发展过程。国际展览业的产生、发展过程可以分为原始、古代、近代和现代 4 个阶段。

1）原始阶段。人类的贸易起源于物物交换，这是一种原始的、偶然的交易，其形式包含了展览的基本功能，即通过展示来达到交换的目的，这是展览的原始阶段，也是展览的原始形式。

2）古代阶段。随着社会和经济的发展，人类交换的次数在增加，规模和范围也都在扩大，交换的形式也发展成为有固定时间和固定地点的集市，这是展览的雏形。集市产生、发展的时期称为展览的古代阶段。

3）近代阶段。17～19 世纪，欧洲出现了展示欣赏性质的艺术展和宣传性质的国家工业展。当其渐渐融入贸易功能时，现代展览的典型形式——贸易展览也就应运而生。工业展览、贸易展览具有工业社会的特征，这种新形式的展览会不仅有着严密的组织体系，而且将展览的规模从地方扩大到国家，并最终扩大到世界。这一时期是展览的近代阶段，其中的代表性事件如下：

1667 年，法国举办了第一个艺术展览会。

1798 年，法国在巴黎举办了一次国家工业展，这也是世界历史上首次举办这类展览。后来，各国发现这种方式对于宣传国家工业产品成效显著，便纷纷效仿，国家工业展览会的繁荣期到来。

1850 年，德国莱比锡为适应工业发展和贸易需要特别在博览会中建立了工业样品库，单纯的商品展览会逐渐向样品博览会发展。

1851 年，英国在伦敦举办第一届世界博览会，这是展览发展历程中划时代的一年。此次博览会内容丰富多彩，从此奠定了各国举办世博会的基本格局。自此以后，世博会相继在不同的国家举办，成为影响仅次于奥运会的国际性活动，其举办地区的变化也充分印证了国际经济的地域变迁。

1894 年，莱比锡国际工业样品博览会开幕，不仅翻开国际展览史上新的一页，对国际经济和贸易发展也具有重大意义。它是展览史上首次以展示样品为内容、以邀请专业贸易观众为主、以期货贸易为主要目的的完全现代展览概念的展览会，是现代国际专业展览会的先驱。

4）现代阶段。19 世纪末以后，特别是第二次世界大战结束后的 20 世纪中叶至今，是现代展览大发展的时期。战争结束后，一批因战争而停办的展览会重新开始举办，为世界经济复苏注入了活力。著名的“米兰博览会”“莱比锡博览会”“巴黎博览会”再度成为连接各国贸易的桥梁。一批新的展览城市，如汉诺威、法兰克福、慕尼黑等逐渐发展起来。国际分工体系的深化和科技的进步也促使展览会向专业化和规模化方向发展，国际展览业的产业规模不断扩大。

（2）国际会展业的发展现状与特点

一方面，国际会展业是国际经济中的重要分支，近几年呈现平稳发展的态势。进入21世纪以来，世界会展业持续快速发展，与全球经济的低速增长形成鲜明的对比。据美国贸易展览周刊统计，在全球经济增长缓慢的情况下，贸易展览的发展速度大大快于GDP的增长，成为拉动全球经济增长的重要因素。2001年，全球会展业的直接经济效益达到2 800亿美元，会展业成为全球经济中占有相当比重的新兴产业。

另一方面，从经济总量和经济规模的角度来考察，会展业在世界各国的发展又呈现出不均衡的局面，会展业具有集中于专业化区域，集中于经济发达国家，特别是国际化大都市的特点。

欧洲是世界会展业的发源地，经过100多年的积累和发展，欧洲会展业整体实力最强，规模最大。在这个地区中，德国、意大利、法国、英国都是世界级的会展业大国。在国际性贸易展览会方面，德国是第一号的世界会展强国，世界著名的国际性、专业性贸易展览会中，约有2/3都在德国主办。欧洲作为老牌的西方先进资本主义国家的集中地，在会展业的发展上已经走在了前列。

北美的美国和加拿大也是世界会展业的发展重地，以展览为例，这一地区每年举办的展览会近万个，净展出面积约4 600万平方米，参展商120万，观众近7 500万，创造了巨大的直接收益和间接效益。举办展览最多的城市是奥兰多、拉斯维加斯、多伦多、芝加哥、纽约、达拉斯、亚特兰大、新奥尔良、圣弗朗西斯科和波士顿。

在中美洲和南美洲，随着地区局势的稳定，经济贸易展览会近年来逐步发展起来。据估计，整个拉美的会展经济总量约为20亿美元。其中，巴西位居第一，每年办展约500个，经营收入8亿美元；阿根廷紧随其后，每年约举办300个展览会，产值4亿美元；排在第三位的是墨西哥，举办的展览会近300个，营业额达2.5亿美元。除了这3个国家外，其他拉美国家的会展经济规模很小，很多国家尚处于起步阶段。

整个非洲大陆的会展经济发展情况基本上与拉美相似，主要集中于经济较发达的南非和埃及。南非凭借其雄厚的经济实力及对周边国家的辐射能力，其会展业在整个南部非洲地区处于遥遥领先的地位，每年举办的展会约300个。北部非洲的会展业以埃及为代表，埃及凭借其连接亚非欧和沟通中东、北非市场的有利区位，展览会的规模和国际性日益提高，每年举办的大型展览会可达30个。但由于种种条件所限，大型展览会一般都集中在首都开罗举办。除了南非和埃及外，整个西部非洲和东部非洲的会展经济规模都很小。

在亚洲，会展经济近年来发展也十分迅速，其规模仅次于欧美。日本、新加坡和我国香港特别行政区等都是亚洲会展经济中的佼佼者。它们或者经济发达、基础设施完善、各项辅助设施与服务水平较高，或者具有高度的国际开放性和关联性，或者处于有利的地理区位和贸易、资本流动的中心位置，在亚洲的会展业中占据了优势地位。以新加坡为例，因其具有发达的交通、通信等基础设施，较高的服务业水准，较高的国际开放度以及较高的英语普及率，2000年，新加坡被总部设在比利时的国际协会联合会评为世界第五大会展城市；至2007年，成为亚洲首选会展举办地城市，每年举办的展览会和会议等大型活动达3 200个。同新加坡相比，东南亚的泰国，其会展业发展规模远不及新加坡，每年举办的展览会只有几十个。随着东南亚经济逐步走出金融危机的困扰，泰国会展业的发展速度不断加快，2000年举办的展览会已从1998年的23个上升到63个，2005年则超过150个，2003年的会展经济总量达到两亿美元。

大洋洲会展业发展水平仅次于欧美，但规模则小于亚洲。会展业主要集中于澳大利亚，每年约举办300个大型展览会，参展商超过5万家，观众660万人次。

纵观会展经济在全球的发展情况，不难看出，一个国家会展业实力和发展水平是与该国综合经济实力和经济总体规模及发展水平相适应的。发达国家凭借其在产业、科技、交通、通信、服务业水平等方面的优势，在世界会展经济发展过程中处于主导地位，占有绝对的优势。在世界会展业向专业化、国际化和集团化发展的过程中，发达国家的跨国展览集团逐渐把自己的成功知名展览会移植到发展中国家。因此，许多发展中国家尽管也有一些规模较大、水平较高的展览会，但这些展览会一般都有发达国家展览公司的参与、管理，甚至直接控制。

伴随着经济全球化进程，会展业已呈现出许多新趋势和新特点，主要表现在以下几个方面：

1）会展经营专业化。从国际会展经济发展的实践看，许多专业性展会由行业协会主办。而如今，以知识和信息为主要生产要素的新经济对会展业的发展模式，特别是管理模式和经营模式提出了更高的要求。越来越多的行业协会开始寻求与专业公司的合作，或者与其合资组成股份公司，转移对会展项目的全部或部分经营权，或者把会展项目出售给专业会展公司。如知名的法国男装展（SBHM）的原所有者——法国男装行业协会就因经营不善问题，将展览的股份出售给一家专业展览公司。此外，在许多会展业发达的国家，会展公司和场地公司也彼此分离，会展公司不拥有场馆，场地公司本身不经营会展，从而保证了分工的高效率，并促进了公平的市场竞争。

2）会展公司集团化。新经济时代，网络使人们的联系无论在内容上还是在范围上都超过以往。会展公司的发展已能够摆脱空间和时间限制，直接面对全球资源和全球市场，这就对会展企业的组织形式提出了挑战。越来越多的企业从竞争走向合作，结成战略联盟进行优势互补，以提高整体竞争力。于是，强强联合、集团化成为行业的发展趋势。以法国展览市场为例，经过优胜劣汰，原来众多的小型展览公司大多被大公司兼并，目前主要有爱博展览集团、高美司博展览集团、巴黎展览委员会等几家大型展览公司，它们的产值占到法国会展业总产值的2/3。而最近，前两者更拟强强联合，合并为一家大的航母级展览集团公司。

3）参与者国际化。随着竞争日趋激烈，各会展主办机构已不再满足于吸引本国和本地区的参与者，而是力争提高会展的国际参与程度。同时，网络的普及使举办机构直接面对全球资源和市场，为其在世界范围内寻找参与者提供了可能。许多国家纷纷成立专门机构促进参与者的国际化，如法国的国际专业展促进会，该促进会共有65个展会参与，它把65个展会的销售费用集中在一起，在近50个国家和地区建立办事处，为这65个展会开展形式多样的促进服务。实践表明，该促进会克服了单个展览公司财力不足的问题，对促进国外人士来法国参观交流起了很大的作用。

4）电子商务应用广泛化。电子商务的介入是会展业自身发展的需要。因为会展活动本身就是人们进行信息交流发布、洽谈商业合作和进行市场营销的场所，它发挥的是一种桥梁和媒介的作用。而电子商务恰恰有着传统会展业无可比拟的独特优势，它提供了一个更为快捷、互动、有效的商务通道和桥梁。电子商务按商业活动运作方式可以分为不完全电子商务和完全电子商务，其对于传统会展业的影响按介入程度的不同，也表现在不完全电子商务和完全电子商务两个方面。

不完全电子商务，即在会展的运作过程中部分地借助于电子商务，主要是借助电子商务手段为会展活动中的不同环节服务，实现网上广告、网上注册、货物递交、售前售后服务，以及市场调查分析、财务审计等一项或多项工作目标。

完全电子商务即网上会展，会展的组织、举办各个环节都实现了电子化，举办者、与会者、参展者和观众之间的交流主要通过因特网进行，它代表着会展业未来的发展方向。

5）重视对发展中国家市场的开拓。根据产品生命周期理论，发达国家处于成熟期的产业有向发展中国家转移的倾向。目前，世界会展业也呈现这一趋势，发达国家的跨国展览集团纷纷把自己的成功知名展览会移植到发展中国家。国际会议市场上，欧美国家的份额也已从过去的 80%下降至 60%。作为发展中国家之一的中国越来越被国际会展组织看好，许多著名集团已纷纷抢滩中国市场。如德国的五大展览公司——汉诺威展览公司、慕尼黑展览公司、杜塞尔多夫展览公司、法兰克福展览公司、科隆展览公司都已进入上海，引入品牌展览项目，开展经营活动。

2. 我国会展业的发展历史与现状

（1）我国会展业的发展历程

中国的会展业也经历了国际会展业的古代集市发展阶段，但近代以来，由于社会历史原因，会展业并没有与国际会展业同步发展，其发展过程主要可划分为新中国成立前和成立后两个阶段。

1）新中国成立前。清末，我国开始举办一定规模的具有近代特征的展览会，其鲜明特征是“官办”，即几乎所有展览会都由政府举办，有浓厚的宣传和政治色彩。这类展览会对社会经济发展起到了一些促进作用，但在商品流通领域内的作用不大。这一阶段中，参与世博会和仿效世博会举办博览会的尝试较多，有代表性的事件包括：

1876 年，清政府第一次自派代表，以国家身份参加费城世界博览会。

1909 年，清政府在武昌举办武汉劝业奖进会，这可能是中国近代史上第一个博览会。

1910 年，在江宁（今南京）由官府和商界合作举办的南洋劝业会是学习西方博览会的又一次尝试，主要目的是了解产业状况，促进工商业发展。

1915 年，中国参加巴拿马世界博览会，茅台酒和张裕酿酒公司的“可雅白兰地”获奖。

1929 年，中国政府在杭州举办了西湖博览会，从 1929 年 6 月 6 日至 10 月 10 日，历时 4 个月，宗旨是提倡国货、奖励实业、振兴文化。这次博览会盛况空前，展品约为 15 万件，观众达两千万人次。

1935 年，中国国际艺术展览会在伦敦举办，这是中国第一次出国单独办展。

2）新中国成立后。新中国成立之初至 1979 年，中国只举办了少数国家工业展，在出国展方面有一定的发展。广交会则是特例，是在特殊时代背景下由我国政府举办的现代国际贸易展览会。

我国会展业真正的发展起步于十一届三中全会之后的改革开放时期，从完全的官方政府行为转化到商业化、专业化操作，经历了一个飞速发展的过程。1978 年，北京多国农机展举办，它是新中国首个国际专业技术展。1985 年，中国举办了第一个比较正规的国际展会——亚太贸易博览会。进入 20 世纪 90 年代以后，我国会展业更是以每年 20%的增长速度快速发展。1997 年，全国规模以上展览会数量为 1 063 个；1999 年为 1 326 个；2000 年迅速上升为 1 684 个；2001 年为 2 387 个；2003 年为 3 298 个；2006 年则为 3 800 多个。此外，大型会议或活动，如“PATA 年会”“APEC 会议”“上合组织峰会”“博鳌论坛”“1999 昆明世界园艺博览会”“第十一届亚运会”等也产生了广泛的影响，会展业已经渗透到各个社会经济领域。2008 年奥运会、2010 年世博会主办权的取得，更为我国会展业的发展创造了前所未有的机遇。

（2）我国会展业的发展现状

我国的会展业是与改革开放同步发展的。伴随着国民经济持续、快速增长和对外交流的不断扩大，我国会展业得到了迅速的发展，已成为促进贸易、引进技术、吸引外资、展示形象、获取信息的重要手段。中国会展业在国际上的地位日益重要，仅就展览项目数量而言，中国已居亚洲第一、世界第二。2003 年以来，每年举办的全国规模以上展览数量都在 3 000 个以上，至 2006 年，其数量已达 3 800 多个。不过，就会展的收入而言，与国际水平相比，中国还不是一个会展强国。

此外，我国会展活动的内容也涉及了各个层面，包括机械、电子、冶金、矿产、石油化工、轻工、纺织、农林等所有生产性行业，也包括商业流通、运输、通信、旅游等大部分服务性行业。会展业的发展不仅培育起一批新兴产业群，而且也直接或间接地带动了一系列相关产业的发展。

另外，至“十五”末期，中国展览场馆数量在全世界可排第三位，展览场馆的总面积也居世界前列，但场馆出租率距发达国家还有很大差距。2005 年底，全国展览场馆总数已超过 240 个，全国展览收入达到 127.5 亿元，拉动相关产业（交通、住宿、餐饮、通信、旅游、广告、金融、保险等）经济收入已达千亿元，成为国民经济的重要组成部分和新的经济增长点。

就展览规模和实力而言，北京、上海、广州成为中国的展览中心城市。“十五”期间，其展览项目数分别约占全国展览市场份额的 12%、11%和 5%；大连、长春、青岛、南京、苏州、合肥、杭州、宁波、厦门、西安、武汉、南宁、昆明、重庆等也发展成为地区展览中心城市；此外，一些地、县、镇也兴建展览场馆、举办展览会，形成有特色的地方展览城市，比如潍坊、义乌、顺德、东莞等。

会展业的发展在促进经济增长，推动产业技术进步，调整产品结构，带动城市和区域经济发展及加强对外交流与合作，扩大外贸出口等方面发挥着重要的作用。会展业已成为我国经济发展具有活力的“朝阳产业”之一，被誉为经济发展的“助推器”。

（3）我国会展业的特点

总体来看，当前我国会展业发展呈现出以下特点：

1）会展主办机构走向多元化。会展业的发展催生了多元化的会展机构，主要形式有：

①行业展览机构。根据我国现行的展览管理制度，国家各部门所属的行业协会、商会、贸易促进机构等均具有展览和会议的主办资格。各种行业协会、商会主办的展会的特点是专业性较强，在行业内有一定的影响力。一些行业协会有自己的展览公司，专门承办和组织本行业或系统内的展会。其中，中国贸促会是我国传统的主办国际展览业务的机构，是举办国际展览的主要力量，在展览市场占有相当大的份额。

②国有会展企业。一部分是具有进出口权的大型外贸、工贸总公司，有资格主办、承办与本行业有关的专业会展；另一部分是政府投资建设的会展场馆，采取划拨或委托的方式，由有关的国有企业或事业单位负责经营管理，对社会提供会议、展览服务。

③民营会展企业。随着我国会展业的发展，一大批私营、多元化股权结构的会展企业也应运而生，这些企业完全按照商业化模式运作，在市场竞争中逐渐成长，锻炼出一支具有专业水平的队伍，成为我国会展业非常有竞争实力的市场主体。

④中外合资、合作会展企业。我国会展市场的快速发展和巨大的需求潜力对国外会展企业形成了巨大的吸引力。一些国际会展公司或跨国会展集团通过合作办展、合资建设展馆等方式进入我国会展市场，并占据了一定的市场份额；与此同时，也为中国会展市场带来了国际化的会展运作方式和经验，促进了国内会展企业的发展。

2）会展场馆建设和经营管理模式逐渐多样化。以各级政府投资为主建设会展场馆是我国的基本模式。与此同时，会展场馆的经营管理也在逐步走向市场化，形成多样化的会展场馆经营管理模式。从全国来看，主要模式有以下几种（见表2—2）。

表 2—2　　会展场馆经营管理模式

模式	含　义
国建国营	由地方政府投资建设会展场馆，由指定的国有企业或政府部门所属的事业单位经营管理
国建民营	由政府投资建设会展场馆，产权归政府所有，而场馆的经营管理则由商业性展馆管理公司和会展企业负责，完全用市场化的方式经营
民建民营	吸收国内外企业或私人资本参与会展场馆建设，由投资主体选择专业化场馆管理公司，按商业化模式进行经营
中外合建合营	由政府吸收国外会展企业资本共建会展场馆，共同经营或委托专业场馆管理公司经营

3）会展项目整体水平和质量不断提高，向品牌化方向发展。会展业一直处在我国对外开放和中外经济技术信息交流的前沿，这一点促使我国广大会展主办单位的会展组织管理水平不断提高。经过十多年的竞争，出现一批大型专业展览，并逐步形成全球知名的品牌项目，北京的国际机床展、国际汽车展、国际通信展、国际纺机展、冶金铸造展和印刷展，上海的国际家具展、国际模具展，珠海的国际航空展等已被列入全球行业展览计划，参与全球范围内的竞争。

4）区域会展行业组织纷纷建立，新型产业管理方式已见端倪。在会展经济崛起的同时，无序竞争造成的行业混乱状况也有所升级。为了规范会展行业的发展秩序，创建一个健康稳定的发展环境，各地会展企业在政府的主导下开始组建行业自律性的会展协会。1998 年 6 月，由北京市贸促会发起组建了我国第一家国际会议展览业的协会——北京国际会议展览业协会。2002 年，先后有山东会展行业协会、上海会展行业协会、湖南会展行业协会宣告成立。深圳市会展行业协会除了整体性的行业协会外，还进而成立了展馆、展示设计等几个专业行业协会。从政府的统一管理到行业的自律协调，中国会展业向国际化、市场化迈出了坚实有力的一步。

不过，全国性会展行业协会一直未能成立，全国性的会展相关协会主要包括中国展览馆协会和中国会展经济研究会。此外，已知的跨省、市、自治区的区域性会展经济组织还有“长三角城市会展联盟”，东北三省四市成立的“东北地区会展联盟”，广州、香港、澳门三地会展协会建立的“合作机制”，在“中国中部投资贸易博览会”下固定举行的“中国中部国际会展业论坛”，由宁波国际展览公司等单位发起成立，由 10 个省市“国际展览公司”参加的“中国国际展览（公司）联盟”，以不定期召开联席会议出现过的“环渤海地区会展业组织座谈会”“西南地区会展城市合作会议”等。

5）中国会展企业不断发展壮大。随着中国经济的迅速发展和国际地位的不断提高，许多国际知名会展企业也在向中国会展市场不断渗透。面临市场的繁荣和日趋激烈的竞争，本土的会展公司也逐步成长、成熟。中国目前最具综合实力的是北京的中国国际展览中心和广州的中国对外贸易中心，这两家展览集团公司不仅拥有中国南北最大的展览场馆、能举办大型展览会，而且还具有海外办展能力。目前，除了中国贸促会外，这两家企业是中国最大的出国展览组织单位。尤其是中国对外贸易中心，其展览项目——广交会历史悠久，规模宏大，还拥有中国几十万家外贸公司的信息资源。此外，中国还有一批具备某一领域实力的展览公司，比如举办出国展览的中国机电产品进出口商会、中国机械设备进出口总公司等，这些组展单位都具备向外拓展的基本条件和竞争实力。

6）会展产业的教育培训体系初步形成。随着我国会展产业的逐步发展和繁荣，对会展人才的需求不断攀升，相应的人才开发与培养也引起了各方面的重视，会展人才的教育与培训工作进入一个空前繁荣的时期。政府机构、行业组织、培训企业、各级各类教育机构，以及国外的人才培养开发组织纷纷涉足这一领域，以各自的方式开发和培养会展人才。到目前为止，已经初步构成了一个连接职前培养和职后培训、学历教育与职业培训并进的局面。

截至2007年，在全国范围内（包含港澳台地区）开设会展专业和专业方向的学校（包括本科、高职高专）已超过66所，其中，由教育部备案开设本科类会展专业的教育院校23所（21所院校设有会展经济与管理专业、两所院校设有会展技术与艺术专业）。正式进行本科会展专业招生的高校则仅有5所（上海对外贸易学院、上海师范大学、沈阳师范大学、上海大学和广西财经学院），其余均为高职高专类学校，培养专科层次的人才。这些学校主要集中在北京、上海、广东、浙江等地区，其中上海地区最多。

此外，会展相关机构或政府部门也推出了会展职业资格认证考试培训项目，如原劳动和社会保障部的“会展策划师”认证培训项目、长三角紧缺人才培训服务中心的“现代会展岗位能力证书”培训、上海市职业能力考试院的“上海市会展管理专业技术水平认证”以及上海紧缺人才培训办公室的“会展师/助理会展师”培训项目，还有与境外机构合作的职业资格认证培训，如由中国国际贸易促进委员会与美国国际展览与活动管理协会（IAEE）的“注册展览经理（Certified in Exhibition Management，CEM）”培训认证体系。

政府机构、行业协会、社会组织与行业媒体等也纷纷设立各种短期会展职业培训班，如中国展览馆协会和北京大学举办的“中国会展业高级培训班”，中国贸促会主办的“中德国际合作培训班”，北京市会议展览业协会、上海市会展行业协会、厦门会议展览业协会等面向会员举办的多种职业短训。

（4）我国会展业的困难和问题

尽管我国会展业发展势头迅猛，但因为起步较晚，仍然在很多方面存在着困难和问题。

首先，中国会展业的市场化程度还比较低，行业内计划经济体制的惯性妨碍统一、开放、竞争、有序的全国会展业市场体系的形成。中国会展业的资源配置、地域布局对行政的依赖度还相当高，会展经营者在以市场手段开展经营活动的背后隐藏着对政府、行业部门的依托；会展市场的条块分割使得行业内市场竞争不充分，影响行业资源的优化配置。

其次，就展览而言，总体办展质量不高。这主要体现在展会主题多有重叠，同类展会较多、较密，使参展商及采购商无所适从；展会短期行为比较严重，很多展会不立足于长远目标，不注重展会品牌的培育，只注重临时效益。

最后，行业协会尚未发挥积极有效的作用。同样以展览业为例，我国还没有一个全国性的展览行业组织，政府管理比较分散，没有统一的行规行约，很难管理和协调全行业的经营行为。

第 3 节　会展业发展的条件与趋势

1. 会展业发展的条件

（1）区位条件

某一地区社会经济的发展与该地区所处的地理位置密不可分，在资源、交通、产业发展、信息交流等方面具有区位优势的城市、国家或地区具备发展会展业的有利条件。会展项目的选择、内容与形式往往“嵌于”举办地的经济、社会、地理、历史与文化环境中。这里所说的区位条件主要指地理区位与经济区位。

1）地理区位。地理区位以及它所代表的交通条件、资源条件，与交通和资源密切相关的产业发展状况，特定地区在经济社会发展中形成的历史与人文环境，对会展项目的发展来说是非常重要的影响因素。会展从业者应对当地的地理人文环境有深刻的领会，并能做到将之与会展项目的设计、论证、营销推广、实施和后期服务等决策行为有机融合。地理人文环境的分析内容不仅应包括当地的气候、景观、区位条件，还应包括其历史发展状况、文化传统、文化特质，更应包括其地区影响力和地区辐射力等要素。其中，重点内容应是该地在地理区位方面所表现的区域辐射力、长期历史发展中形成的商贸文化吸引力、旅游吸引力等。对这些地理人文环境条件的运用将有利于形成该地会展项目的独特吸引力。

2）经济区位。会展项目所在地是否拥有良好的经济区位是决定其成败的关键因素之一。经济区位的优劣与交通、通信等条件的关系十分密切，这些条件决定着市场范围的大小，进而决定着产业集聚程度和布局结构，这些都会对会展项目的成功运营和持续发展产生重要影响。以展览为例，交通网络、信息设备完善，产业聚集度高，有利于招展，也利于参展商到达和参展货品的运输，同时可以吸引更多专业观众和普通观众积极参与，这也是聚集会展产业相关项目和相关企业的有利条件。

（2）经济条件

会展产业是经济的重要组成部分，其发展的基础是经济的蓬勃发展，因此，经济条件与其关系最为紧密，影响也最为突出。经济条件构成较为复杂，很多构成要素具有很大的不确定性，不同要素对会展产业发展的影响和作用的权重也不同，并呈现动态变化的状态。这些要素主要体现在经济发展水平、市场环境、金融条件 3 个方面。

1）经济发展水平。一方面，从会展产业发展的历史和现状来分析，经济发展水平和产业发展状况是决定会展产业发展水平，影响会展产品需求与供给的重要因素。就需求角度而言，经济发展水平越高，市场竞争越激烈，企业就越愿意参加展会来营销自己的产品和服务，从而形成强烈的会展需求，推动会展产业的发展；就供给角度而言，经济发展水平高，则会展业及相关产业也具有良好的发展空间，能够提供会展业发展所需的设施与服务，从而产生会展供给，促进会展业不断发展。

另一方面，某一地区的产业结构、产业发展状态对该地区会展项目的选择具有重要的指导作用。通常，会展项目的题材选择，首先要考虑国家或地区的主导产业与优势产业，其次要考虑提倡发展的产业，再次则考虑政府扶持的产业。就宏观意义而言，会展产业布局具有较强的产业指向性，即会展产业的布局大多有向某产业发展成熟的地区靠近的倾向。如德国著名的会展城市杜塞尔多夫、埃森和科隆地处德国“工业心脏”——鲁尔工业区，其会展业的发展显而易见是依托该地区的工业基础。

此外，良好的经济发展水平所能提供的一系列基础设施也是会展业发展必不可少的条件。良好的交通设施、公用事业设施、会展场馆设施、餐饮住宿设施等是会展项目顺利开展的前提条件。

2）市场环境。市场因素主要包括市场主体、需求、价格、竞争、市场制度等因素。当市场主体增加、市场竞争相对激烈、价格下降、成本显著提高、市场制度不利于产业发展时，将会影响会展企业、会展项目的进入，阻碍会展业的进一步发展。

3）金融条件。任何产业的发展都需要相应的资金保障，没有必需的资金，开发项目只是一纸空谈。在会展业发展过程中，特别是涉及会展场馆建设这样投资大、建设周期长、回报慢的项目，认真分析资金来源、研究筹措资金的措施就显得至关重要。同时，在会展业投资并购等新趋势下，金融机构的参与也显得日趋重要。

（3）社会条件

作为现代服务业组成部分的会展产业是在经济发展到较高阶段，人类社会已经相当成熟的环境下发展起来的。会展是一种社会经济活动，必然受到各种社会条件因素的制约，这部分条件主要包括：

1）人口与劳动力。人既是会展活动的微观生产者，又是会展活动的微观消费者。从生产者的角度来看，会展是人举办的活动，必然需要不同层次和不同相关行业的人才和劳动力供给；从消费者的角度来看，以展览为例，展览评价的重要标准之一是参展商的数量和质量以及观众的数量和质量。尽管观众多数是流动的，但一个地区作为潜在观众的消费者的数量和质量无疑将影响展览的选址和布局。

2）历史条件。社会历史条件包括已有的社会经济基础、产业发展基础、当地的风俗习惯、风俗人情等。任何国家经济的发展与产业的分布都具有历史继承性，会展产业的发展也同样存在这种“路径依赖”的特征。欧洲可以说是现代会展业的发源地，长期以来积累的会展业发展经验、技术和历史遗留的产业基础始终是其会展业进一步发展和分布的出发点。目前，欧洲仍拥有众多世界级的会展强国，这无疑显现了历史条件对会展产业的重要影响。

3）社会环境条件。会展活动影响范围广，牵涉举办地区的社会文化水平和居民素质。会展活动举办地不仅要有文明道德的市风，融汇世界的胸怀，不断改善的语言环境，使每一个会展参与者感到亲切、平和且易于交流；而且与会展活动相关的各个部门，包括政府行政管理部门、窗口服务部门，都要体现出良好的服务态度、办事能力和工作效率，使每一个会展参与者都感受到会展活动举办城市的优质社会文化环境，对会展举办地产生良好印象。

从更宏观的角度来看，国内外政治与社会环境的稳定程度也是保障会展业顺利发展的重要因素。“安全”已成为众多会展企业和专业人士最为关注的会展业发展条件。在某种意义上，某一国家和地区往往很难在短时期内改善这一条件。

（4）政策条件

会展业的高速发展离不开政府、行业协会等管理部门的高度重视和政策支持。这种重视和支持可以体现为：是否为该地区会展业的发展提供了比较完善的配套基础设施；是否为该地区会展业的发展制定了科学合理的规划；是否有比较明确的、操作性较强的支持政策；与会展有关的教育科研是否引起了相关部门的重视；是否为会展业的发展制定了完善的政策法规；是否为会展业的发展营造了一个良好的环境；是否为会展项目的诚信建设、技术、管理等提供了支持等。

规模大、层次高、涉及面宽、影响广泛的会展活动，没有政府部门的有力支持，得不到相关部门的协调配合，很难取得成功。政府部门对会展业的支持着重表现在将会展业作为一个产业纳入国民经济发展规划，根据国民经济发展的总体要求确定会展业在国民经济中的地位和作用，提出发展会展业的规划和政策措施，监督实施状况，保证会展业健康持续发展。政府对会展业的直接管理和干预应该出现在会展业遇到自身无法解决的问题或会展领域出现混乱状况的特定阶段。在会展业逐步走向成熟和规范的过程中，政府部门应把工作重点逐步转移到调查研究、政策指导方面，建立相应的法规，并予以检查和监督，维护有序的市场竞争环境，逐渐弱化政府部门一事一批的事务性管理。

除上述宏观性条件因素之外，具体会展项目的运作也受到许多微观因素的影响，如参展商和观众的满意度，参展商和观众的参展成本，参展商以及观众的数量和质量，人口的数量与质量，人均收入水平，会展场馆的位置与交通可达性，会展项目的定位，展会的专业化、国际化、品牌化程度，展会本身的影响力；信息发布程度和宣传程度；展会举办者的实力和影响力；展会举办地的知名度等因素。这些因素都将影响具体会展项目的发展情况，从而影响会展业的发展。

2. 会展业发展的趋势

（1）集团化

并购和联盟已经席卷了全球经济的各个领域，成为国际市场的一大焦点，国际化程度很高的会展领域也不例外。会展企业通过资本运作进行并购与合作，是一种典型的集团化、国际化运作方式，通过兼并合作，可以利用国内外资源，开拓国际、国内两个市场，以获得资源的优化配置。就展览业而言，目前，世界上许多大型展览企业与机构纷纷开始整合相关资源，彼此合作，以期优势互补，提升实力，打造业内超级“航母”。在竞争日益激烈的国际会展市场，会展企业想要巩固或扩大市场，取得进一步发展，只得不断增强自身实力，在资产总额、人力资源、技术力量等方面快速前进。因此，国际会展业的巨头为了降低成本，减少风险，维护高利润率，或者以并购与合作方式建立战略联盟，进行国际化集团化运作，如世界上两家著名的展览公司“瑞德”和“克劳斯”联姻，共同开发通信和计算机展览市场；或者购买其他竞争对手的主题展览，如美国的克劳斯公司，用40亿美元购买了南美的品牌展会及其相关项目。

（2）规模化

随着会展业，特别是展览业的竞争日趋激烈，各举办机构已不再局限于吸引本国、本地区的参与者，而是把目标更多地投向国际市场，从而使展览向规模化方向发展。此外，地方政府大力扶持会展，特别是对大型会展场馆等基础设施建设的支持力度加大，使得会展场馆也出现规模化趋势。如慕尼黑展览中心，巴伐利亚州政府和慕尼黑市政府投入的建设资金占99.8%，几乎是全额投入。在具备了大型场馆的条件下，地方政府还会在政策方面给予支持，推动大型会展活动的举办，从而提高地区知名度，提升城市形象，推进招商引资，促进地区经济发展，并进一步促使大规模会展活动数量不断增加，会展业规模化趋势增强。

（3）科技化

信息技术、网络技术的快速发展也为全球会展经济的发展注入了新的活力。一方面，随着科学技术的迅猛发展，尤其是科技革命带来的大量新工艺、新材料的出现，会展设备现代化已经成为会展业发展的一个不争的事实。实际上，设备现代化也是会展标准现代化、会展内容国际化、会展形式多样化发展的共同要求。另一方面，高新技术的运用使得会展出现网络化和虚拟化的趋势。此处的网络化和虚拟化不仅强调展会在技术上实现与高新技术的完美融合，更强调一种不受特定时间、空间约束的虚拟展会的出现。2003年，我国“非典”期间以“非接触经济”形态出现的“网上会展”也充分说明了虚拟会展的现实可行性。应用信息技术，向网络求发展空间，已经成为全球会展业发展的必然趋势。有关专家把这种以高科技产业为支撑，以知识经济、信息网络经济为主要内容的新经济对会展经济产生的影响，归纳为快捷、关联和效果3个方面。

以展览为例，信息技术与网络平台可以为参展商和观众带来极大的便利和更多的收益。例如，参展商可以在某地向全世界发布自己所展示产品的详细信息，观众也可以借助个人电脑在任何地方浏览和选择自己喜欢的产品，参展商和观众双方的贸易洽谈环节得到简化，交易风险得以降低，从而提高经济效益；依靠现代化的电子工具和技术来获取、传递、交换、处理和分析展会活动中的信息和数据，能大大提高会展管理的效率与效果。

会展活动的科技化水平一般与所属地区的科技、信息水平密切相关，通过其场馆的装备、网络建设的情况、管理软件的应用状况及其投入的信息技术方面的资金情况来说明。

（4）专业化

专业化趋势在展览业中表现最为明显，在全球展览市场中，专业性的展览已成为发展主流。与一般的展览相比，专业展览具有针对性强、参展观众质量高、参展效果好等特点。因此，近几年来，综合性展览会的举办数量不断减少，许多综合性展览会都不同程度地转变为专业性展览。原来的一些综合性展览已经逐渐细分为若干个专业展，如汉诺威工业博览会就是由若干个专业展（如机器人展、灯具展、仪器仪表展、铸件展等）组成的综合展。此外，由于专业展览会能够集中反映某个行业或其相关行业的整体状况，并具有更强的市场功能，因而从产生之日起就受到具有特定产业优势的城市的青睐。如汉诺威的工业博览会，杜塞尔多夫的国际印刷、包装展，纽伦堡的玩具展，香港的珠宝、玩具展，意大利米兰的国际服装展等，其展览举办地的产业优势是专业行业展览发展的重要基础。

（5）移植化

在世界会展业，特别是展览业向专业化、国际化和集团化发展的过程中，传统会展业区域，如欧美国际会展业已经相当发达，但是其本国内发展的空间已经接近饱和。大型国际展览集团公司为了与全球化发展靠拢，纷纷把眼光投向国外，通过资本运作寻求低成本扩张，进入展览业相对落后的发展中国家市场。如美国的卡尔顿通公司以 12.6 亿美元的高价购买拉丁美洲约 40 个大型贸易展览会和相关的刊物杂志，德国的汉诺威展览公司直接收购上海一个较具影响的地面装饰展览会，并随之进入相应市场。此外，这些大型展览企业还充分利用广泛的业务网络将一些名牌展览移植到他国举办，如 2002 年慕尼黑国际展览集团将电子元器件博览会（Electronic）成功移植到上海举办，在未来的几年中，该集团还将把高档消费品、建筑材料、交通运输等博览会引入中国。德国的法兰克福展览有限公司也已把每年春秋两季在德国本土举办的国际消费品展览会（Ambient）移植到亚洲，分别在中国、日本和俄罗斯举办了以 Ambient 命名的展览会。这种跨国运作方式既顺应了国际展览市场不断扩大的需求，也抢占了世界展览市场的份额，是推动自身发展的有效方式。

（6）综合化

从当前国际会展业发展的总体态势来看，会展活动的表现形式越来越注重会与展的结合，形成展中有会、会中有展、以展带会、以会促展的局面。会议与展览之间的距离不断缩短，逐渐融为一体。国际性行业协会的会议常常同期举办商业性展览活动，而国际性的展览则往往在展览期间举行研讨会、专题会议等活动。此外，许多以消费品为主题的大型会展的活动内容和形式日益丰富，不仅是交流讨论和展示的平台，更成为参观者了解新产品、新理念和休闲放松的场所。这类会展中的活动安排往往丰富多彩，能吸引大量的公众参与，甚至成为某种意义上的旅游、休闲吸引亮点。

第 4 节　世界主要会展机构与组织

1. 世界主要会议机构与组织

（1）国际大会与会议协会 ICCA（International Congress & Convention Association，http：//www. iccaworld. com）

ICCA 是世界上最具权威性的会议业协会组织，也是全球唯一的会员领域涉及国际会议活动各环节，包括会议的操作执行、运输及住宿等各相关方面的会议专业组织。

ICCA 创立于 1963 年，总部位于荷兰阿姆斯特丹，在美国、马来西亚和乌拉圭也设有办公机构，下设 11 个区域性的分会（chapter）：非洲分会、亚太分会、中欧分会、法语分会、伊比利亚分会、地中海分会、拉美分会、中东分会、北美分会、斯堪的那维亚分会、英国/爱尔兰分会，并在 11 个国家和地区设有委员会：澳大利亚委员会、奥地利委员会、中国台北委员会、德国委员会、印度委员会、以色列委员会、意大利委员会、马来西亚委员会、墨西哥委员会、慕尼黑委员会、泰国委员会。

到目前为止，ICCA 在全球 80 个国家拥有 800 多名机构和企业会员，根据业务范围的不同，会员分为 8 类，即 A——会议旅游及目的地管理公司（旅行社）、B——航空公司、C——专业会议组织者、D——会议观光局、E——会议信息与技术公司、F——会议饭店、G——会展中心、H——名誉会员。

目前，ICCA在中国内地地区共有会员18个，见表2—3。

表2—3　ICCA中国内地地区会员

所在地区	会员名称	会员类型
北京	北京旅游局	D
	中国国际旅行社总社	C
	中旅国际会议展览有限公司	C
	国家会议中心	G
	中旅途易旅游有限公司	A
上海	上海市旅游事业管理委员会	D
	上海华亭宾馆	F
	上海国际会议中心	G
	上海航空国际商务会展有限公司	A
	上海会展有限公司	C
	上海春秋国际旅行社	C
	上海光大会展中心	G
广州	广东省旅游局	D
	广州花园饭店	F
	广州白云国际会议中心	G
深圳	深圳市台电实业有限公司	E
济南	山东省中国国际旅行社	C
杭州	浙江世界贸易中心	G

（2）专业会议管理协会PCMA（Professional Convention Management Association，http：//www. pcma. org）

PCMA于1957年成立于美国费城，是一个非营利性质的国际会议业专业协会，总部设于美国芝加哥。50年来，该协会从过去单纯负责医疗保健专业会议发展成为提供各种服务的综合性国际组织。

目前，PCMA在世界各地拥有会员1200多名，其中包括许多饭店集团，如假日、喜来登、希尔顿等都加入了该协会，目的是通过该协会了解更多的会议信息，争取更多的会议在饭店召开。其合作供应商（supplier partner）则来自于航空业、酒店业、会议局和音像公司等，涵盖范围非常广泛。此外，PCMA也一直致力于会议管理培训与职业认证方面的工作，其推出的职业培训认证项目CMP（certified meeting professional）在业内具有相当的知名度。

中国南京的金陵饭店，于1987年年初被该协会接纳为正式会员，成为该协会在中国的第一家会员。

（3）国际专业会议组织者协会 IAPCO（the International Association of Professional Congress Organizers，http：//www. iapco. org）

IAPCO 成立于 1968 年，总部设在英国伦敦。其前身是英国专业会议组织者协会（the Association of British Professional Congress Organizers，ABPCO），发展到今天，它已经成为一个非营利性的，由专业的国际国内会议、特殊活动组织者及管理者组成的，服务于全球的专业会议组织。

从事国际会议筹备和运营管理工作的企业或个人都可以申请加入 IAPCO，会员分为 5 类：普通会员、邀请会员、荣誉会员、项目经理会员、分支机构会员。目前，该协会在全球 29 个国家和地区拥有 80 个会员，中国香港的国际会议顾问有限公司也是其会员之一。

IAPCO 致力于通过继续教育和与其他专业协会的交流来提高其成员的服务标准，每年 1 月份，协会都要举办为期一周的专业培训，并颁发“国际会议组织者培训证书”。

2. 世界主要展览机构与组织

（1）全球展览业协会 UFI（the Global Association of the Exhibition Industry，http：//www. ufinet. org）

UFI 原名国际博览会联盟（法文 Union des Foires Internationales），是世界展览业界最权威的全球性组织。它是非政治性和非营利性的组织，其会员来自展览行业相关的各类机构，包括会展公司、会展场馆、行业管理和促进组织，以及拥有品牌展会的各行业协会和商业企业。

1925 年，UFI 在意大利的米兰成立，最初由欧洲的 20 家展览公司组成。前期只有举办展览会的展览公司才能成为其正式会员。从 1994 年起，展馆、展会以及会展相关机构（如贸易协会，展览服务、管理、统计、研究机构，专业报刊等）也可被接收为会员。不过至今，UFI 80%的活动还是集中在展览会举办行业。为了适应发展的需要，在 2003 年 10 月 20 日开罗召开的第 70 届会员大会上，该组织决定更名为全球展览业协会（the Global Association of the Exhibition Industry），仍简称为 UFI。

2006 年 11 月，UFI 第 73 届年会于北京举办，为首次在中国内地举办的年会。

UFI 的总部位于巴黎，其法人代表为主席，日常事务由秘书长负责处理，日常运行主要靠会员缴纳的会费。UFI 下设 4 个地区分部：非洲/中东分部、美洲分部、亚太分部（主席为中展集团的陈若薇女士）、欧洲分部。为促进会员交流和探讨行业问题，UFI还设有5个专业委员会：市场营销委员会、展览实务委员会、信息与通信技术委员会、统计与展览明朗化委员会、协会会员委员会。

协会的会员分为两类：正式会员（full member）和协作会员（associate member）。正式会员主要包括展览会主办者、展场的所有者或经营者、国内国际展览协会、展览统计和研究机构。协作会员包括各类展览行业的服务供应商协会和其他合作者。截至2008年3月，UFI在全球拥有529个正式会员和26个协作会员，分布于全球6大洲84个国家的205个城市当中。

“UFI认证的展览活动”（UFI approved event）通常被认为是高质量的保证，“UFI认证”的标签成为展览会的质量标志，不仅意味着此展览满足UFI的各种认证条件，如展馆和基础设施状态良好，能为参展商和参观者提供优质的服务，并能提供符合所在国和区域市场需求的相关产业的全系列产品；还为参展商和观众等提供一个信念，即他们将从这个经专业性策划和组织的展览中获益。截至2008年3月，UFI在全球共认证了795项展览活动。

UFI认证的基本标准为：作为国际性展会至少已连续举办3次以上，至少要有两万平方米的展出面积、20%的国外参展商和4%的海外观众。通过认证即标志着展会达到了这一条件和标准，不过，这也并不完全意味着该展会即为品牌化、国际化的展会。

1988年，“国际印刷机械展”成为我国第一个通过UFI认证的展览。截至2008年2月，中国已成为UFI会员数量最多的国家，共73家（大陆53个、香港15个、澳门2个、台湾3个）。UFI认证的展会数量也仅次于德国，排世界第二位，共75个（大陆56个、香港16个、澳门1个、台湾2个）。

（2）国际展览与活动协会IAEE（International Association of Exhibitions and Events，http：//www. iaem. org）

IAEE的前身为国际展览管理协会（International Association for Exhibition Management，IAEM），成立于1928年，总部设在美国达拉斯，在欧洲、亚太地区及中国设有办事处。该协会与UFI在国际展览界均享有盛誉，被认为是目前关于国际展览业重要的行业协作组织，两者现已结成全球战略伙伴，共同促进国际会展业的发展与繁荣。IAEE以促进国际展览业的发展与交流为己任，每年定期举办国际展览界的交流合作会议、短期提高课程及专题会议，出版相关刊物和买家指南，提高展览组织者的管理水平。

IAEE的会员分为5类：北美地区行业会员（展览主办机构、供应商、会展局）、会展场馆、北美地区外的行业会员、补充会员、其他会员（学生、教育人士、退休人士）。目前，其在世界范围内52个国家拥有6 000多名会员。

IAEE近年来积极在中国寻找合作伙伴，开拓中国市场。2006年，IAEE中国区办事处落户深圳，深圳市会议展览业协会秘书长孙翌伦正式当选为IAEE中国地区主席。由中国贸促会、IAEE、UFI、美国独立组展商协会（SISO）共同举办的“中国会展经济国际合作论坛”（CEFCO）也已成为国内会展业内最重要的交流和对话平台。此外，中国内地已有10多家展览机构获准成为IAEE成员，不过其中绝大部分是大型会展中心，专业展览公司只有寥寥几家。

注册展览经理CEM（certified in exhibition management）培训体系是IAEE于1975年推出的展览经理培训课程。培训的对象是具有一定从业经验的（一般为3年以上）展览经理，一般要求参加一定数量的必修课和选修课，并通过相应的考试。培训内容主要包括展览会项目管理、营销、展会实施、场馆选择和场地规划、运输、服务合同签署等。CEM在美国展览业有较大影响，许多展览公司的管理人员都参加过CEM培训并获得了CEM称号。近年来，IAEE则致力于在全球范围内推广全球认可的CEM证书，迄今为止，共有4 000多名展览精英取得了CEM称号。

中国国际贸易促进委员会与IAEE合作，在中国独家引进了CEM课程体系并对其本土化，使其成为全新的CEM China体系。截至2007年6月，CEM China已经分别在上海、北京、南京、珠海和澳门等城市举办了8期，共有近400名业内人士参加了培训。

（3）国际展览局BIE（Bureau of International Expositions，http：//www. bie-paris. org）

BIE是一个协调和审批世界博览会事务的政府间国际组织，成立于1928年，总部设在法国首都巴黎，目前拥有102个成员。

1928年11月，31个国家的代表在巴黎开会签订了《国际展览公约》。该公约规定了世博会的分类、举办周期、主办者和展出者的权利和义务、国际展览局的权责、机构设置等。《国际展览公约》后来经过多次修改，成为协调和管理世博会的国际公约，国际展览局依照该公约的规定应运而生。展览局行使各项职权，管理各国申办、举办世博会及参加国际展览局的工作，保障公约的实施和世博会的水平。

任何国家都可以参展世博会，但只有加入BIE、成为其成员以后，才能申请举办世博会。作为BIE的成员国，在决定世博会承办国家时有投票权。鉴于世博会在国际中的影响日益增大，许多国家决定申请加入BIE，以便在今后与主办国间的政治、经济交往中有协商的优势。

国际展览局的收入主要来自申办展览会的注册费和举办期间门票收入的一定比例。

国际展览局是政府性质的机构，成员为各缔约国政府，申请加入公约和展览局必须由申请国的外交机构正式提出，展览局的事务必须经由外交途径办理，成员国的代表必须由成员国政府任命。联合国成员国、不拥有联合国成员身份的国际法院章程成员国、联合国各专业机构或国际原子能机构的成员国可申请加入。各成员国派出 1～3 名代表组成国际展览局的最高权力机构——国际展览局全体大会，在该机构决定世博会举办国时，各成员国均有一票。

国际展览局日常工作由秘书长领导，下设 4 个委员会，其工作职责见表 2—4。

表 2—4　　国际展览局各委员会工作职责

名称	工　作　职　责
执行委员会	为世博会所展示的内容确定分类标准；审查所有申办的注册类（综合类）或认可类（专业类）世博会的申请，并提出该委员会的意见，一并提交全体大会通过；执行全体大会赋予的任务；向其他委员会征询意见
条法委员会	审查世博会的特别规章，并将其提交全体大会通过；指定供世博会组织者使用的规章范本；制定国际展览局的内部规章
行政和预算委员会	对国际展览局的管理活动实施监控，对国际展览局的财务管理进行检查，制定国际展览局年度预示并提交全体大会通过
信息委员会	出版国际展览局通讯，并研究和宣传国际展览局的活动

每个委员会设一位主席和副主席，各委员会主席同时也是国际展览局副主席。这 8 个成员与国际展览局主席和秘书长构成了整个国际展览局工作的管理主体。所有委员会的职位从所有的成员国代表中选举产生。

国际展览局主席由全体大会选举产生，任期两年，可连任一届，不用坐班，没有薪金。

1993 年 5 月，中国被国际展览局接纳为正式成员国。中国国际贸易促进委员会一直代表中国政府参加国际展览局的各项工作。2003 年 12 月，吴建民任国际展览局主席。这是在国际常设组织中担任主席的第一位中国人，也是国际展览局成立以来首位由来自发展中国家的人士担任主席。

此外，根据国际园艺生产者协会规定，非会员国家若举办世界园艺博览会，首先必须取得国际园艺生产者协会（AIPH）的批准认可，然后由该协会推荐，报国际展览局批准、注册。1994 年 10 月，国际园艺生产者协会第 46 届会员大会通过决议，同意接纳中国为该协会成员。

第 5 节 会展业发达的国家与城市

1. 国际会展业发达的国家与地区

（1）欧洲——德国、法国、英国

欧洲是世界会展业的发源地，经过 100 多年的积累和发展，欧洲会展业整体实力最强，规模最大。在这个地区中，德国、法国、英国都是世界级的会展业大国。

1）德国。德国会展业的突出特点是专业性、国际性的展览会数量多、规模大、效益好、实力强。在国际性贸易展览会方面，德国是首屈一指的世界会展强国，每年举办的国际性贸易展览会约有 250 多个，世界上最重要的 150 个专业展览会中有近 120 个在德国举行，参展商约 17 万家，国外参展商平均比例达 48%，国外专业观众的平均比例达 20%。按营业额排序，世界十大知名展览公司中，有六个是德国的，再加上许多专业的展览公司，这些专业的展览机构在全世界的办事机构达 368 个，已经形成了全球化的展览营销网络。在展览设施方面，德国现拥有 23 个大型展览中心，超过 10 万平方米的就有 8 个，展览总面积达 240 万平方米，其中世界四大展览中心，有三个在德国。德国的展览中心不仅面积大、设施齐全，还十分注意与周围设施的配合，其周围的铁路、巴士、地铁、货运站、航空、住宿、城市旅游、娱乐、文化等条件都很方便。2001 年，德国展览组织者年收入达 25 亿欧元，展览业对德国经济的总体贡献约为 230 亿欧元，并提供了约 25 万个就业岗位。汉诺威、法兰克福、慕尼黑、杜塞尔多夫等都是国际著名的展览城市，它们都把展览业作为支柱产业加以扶持，出台一系列鼓励措施和优惠政策，吸引参展商和观众。由此看来，德国是名副其实的“世界展览王国”。

德国国家级的展览管理机构是德国展览委员会（AUMA），它是由参展商、购买者和展览会组织者三方面力量组合而成的联合体，以伙伴的身份塑造展览会市场，是德国展览业的最高协会。AUMA 下设许多工作委员会，负责会员间的经验交流、提供建议及各种议案的准备工作等。主要的工作委员会有展会协调委员会、协会 IT 工作组、展会透明度和法律/管理工作委员会及出国参展工作委员会。为了确保德国博览会的透明化，AUMA 制定了很多规章制度，并根据目前展会的数量、质量、技术手段、目的、要求等不断调整和改进。在 AUMA 的统一协调下，德国各展览会的目标非常明确，展会重复现象很少。AUMA 同时还是政府和展览业之间沟通的桥梁，如 AUMA 聘请专业人士在世界各地对展会进行考察，并写成报告，为德国政府赞助本国企业出国参展提供了有效的建议和重要的参考。

2）法国。法国是全球会展业最为发达的国家之一，每年举办 1 400 多个展览（包括专业展与公众展）和 100 多个博览会（指以社会公众为观众的多种行业参加的展览会），营业额达 85 亿法郎，参展商交易额为 1 500 亿法郎，参展商和观众的间接消费达 250 亿法郎。法国共拥有 160 万平方米的展馆，分布于 80 个城市。巴黎是法国会展业的中心城市，基本上承办了全国近一半的展览。与德国相比，法国的综合性展览会优势明显，在每年举办的 1 500 个展览当中，真正的专业展只有 120 个左右。近年来，法国开始重视举办专业展，综合性展览会数量出现下降的趋势。

法国的展览公司不拥有场馆，而场地公司不主办展会，也不参与展览经营。法国的展览业人士坚持这种做法，认为这样能够促进展览公司之间的公平竞争，也有利于场馆公司专心做好自己的场馆服务工作。此外，在法国，有一种较为独特的展会营销模式：法国的主要展览公司共同组织了一个称作“法国国际专业展促进会（Promosalons）”的机构，专门从事促进国外专业人士来法国参观和交流的工作。Promosalons 自成立以来，在全球范围内推广法国专业展会，取得了非常好的效果。

在展览业蓬勃发展的同时，法国也是重要的国际会议中心。2000 年，法国在国际会议市场的分享率达 4.9%，为全球第六。其中，巴黎一直是全球举办国际会议最多的城市之一，其良好的基础设施和优质的会议服务吸引了大量会议主办机构。

3）英国。1851 年 5 月 1 日，英国伦敦举办了世人所公认的第一个真正的世界性博览会，拉开了近现代会展业的序幕。近年来，英国会展业出现了前所未有的高速增长。据统计，2005 年，英国举办了 1 760 个展览，全年展览日共计 3 940 天，吸引了 26.6 万展商参展、1 700 万人参观。其中，外国展商及外国参展人士分别占 13%和 7%。展览业为英国带来的包括增值税、所得税、公司税、国民保险缴纳等税收收入约为 41 亿英镑，提供了 13.7 万个就业岗位，约占就业人口的 0.5%。英国展览业带来的直接消费每年大约为 20 亿英镑，而由展览业带来的餐饮、住宿、交通、娱乐、购物等间接消费达 39 亿英镑。英国展览业最大的行业是艺术、文化、休闲和体育以及服务业，这些行业占 42%。服务业包括广告和营销、航空和金融服务、书籍、教育和招聘会、印刷和出版以及旅游和零售。

目前，英国政府对于展览业没有专门的法律法规及管理规定，只是在展览消防、电器安全、建筑安全、健康安全及有害物质等方面有具体的技术指标。展览业的行为准则多是通过行业自律的方式确定。

值得注意的是，虽然英国的展览市场十分开放，但专门举办展览的公司数量并不多，主要原因是展览行业风险较高，同时重视规模效益，所以在自由竞争的市场环境下中小公司很难与跨国性大型展览公司抗衡。但在商业风险较低的展览配套服务行业，如摊位施工、展台装饰、花草服务、展览运输代理等领域经营公司数量很多，而且许多是中小公司，他们凭借周到的服务和低廉的价格和大公司竞争。

（2）北美洲——美国

美国展览会数量多，展览主题丰富，展品包罗万象，展览产业对地方经济的拉动作用十分明显。据有关调查部门估算，每位参观者每次参观平均要支出 1 200 美元，可以带给当地国内生产总值 2 000～8 000 美元的增长。就展览业本身而言，多年来展览产业的增长速度比美国 GDP 增长快得多。

美国的大部分展览中心都是公有的。在全美面积超过 2 500 平方米的展览中心中，大约 64%（大约 243 个）的展览中心属于地方政府所有，而展会组织者一般没有自己的展览场馆，办展时需从场馆所有者手中租用场地。

美国会展业的各个领域都有全国性的专业协会。例如，展览行业内有国际展览和活动协会（IAEE）与独立组展商协会（SISO），两者的主要会员分别是举办展览会的各类协会和独立办展的展览公司，同时还有代表所有参展商利益的贸易参展商协会（TSES）；会议行业内则有专业会议管理协会（PCMA）和国际会议专家协会（MPI）。这些协会在业内都具有足够的权威性，这无疑有利于实现展览、会议等各个行业的自律和有序发展。

此外，美国联邦和州政府在会展业发展中的主要职能是编制产业规划、开展行业统计、制定政策法规和提供配套服务；会展产业链上各类企业之间的关系纽带是合同，这样不仅分工明确，而且能有机合作。例如，在美国展览行业有一种特殊的企业——总体服务合同商（general services contractor，GSC），可以为参展商和专业观众提供搭建、展品运输、家具租赁、餐饮等全方位的服务，大大提高了服务的效率和专业化程度。

（3）亚洲——新加坡、日本、阿联酋

亚洲会展业近年来发展势头迅猛，成为国际会展业发展的重要阵地。新加坡、日本和阿联酋尤为突出。

1）新加坡。新加坡凭借自身便利的交通、发达的通信技术、优质的服务、较高的开放程度等成为世界公认的亚洲首选会展举办城市，在所有影响会展活动和会展产业布局的因素当中，这个城市基本上都具有亚洲其他城市不可比拟的优势。新加坡现拥有 3 个主要展览馆，分别是国际会议与展览中心（新达城）、世界贸易中心和新加坡博览中心，3 个展览中心总展出面积可达 24 万平方米。据一些媒体统计，新加坡的国际展会规模和数量居亚洲第一位。据新加坡旅游局展览会议署统计，仅 2000 年在新加坡举行的各种国际会议、展览及奖励旅游就达 5 000 次，前来参加这些会议展览的人数多达 40 多万人次，每年前往新加坡旅游观光及参加各种国际会议、展览的人数比新加坡的总人口还多。2001 年，新加坡共举办了 130 个国际性专业贸易展览会，但展出面积均不是很大，一般仅为几千平方米。毫无疑问，各种国际会议和展览对新加坡的经济起到了重要的促进作用。

新加坡旅游局展览会议署建于 1974 年，主要任务是协助、配合会展公司开展工作，向世界介绍新加坡开展国际会展活动的优越条件，宣传在新加坡举办的各种会展。新加坡展览会议署不是管理部门，只是协调配合，而且不向新加坡的会展公司收取任何费用。在新加坡举办会展没有任何管理法规，举办展会也不需要任何审批手续。

2）日本。日本是展览业发达国家之一，会展数量多，行业分布广。因为制造业高度发达，科技水平世界领先，服务产业发展成熟，市场容量庞大，能引起世界各国企业的参展兴趣，参观的企业数量也非常多。据日本贸易振兴机构统计，2005 年日本全国举办各类展会 394 个，内容涉及食品、服装纺织、机械电子、汽车等 34 个行业领域。其中规模较大、外国参展企业达到一定规模的国际性会展有 42 个，如国际食品饮料展、东京国际汽车展、国际礼品展、国际花卉展等。

同样，日本以其雄厚的经济实力、良好的基础设施、发达的交通网络、周到和热情的服务、特有的民族文化，赢得了许多重要国际会议和大型活动的举办权。根据国际会议和大会协会（ICCA）的统计，2001 年日本举办了 138 个国际会议，位居世界第四位，其首都东京在世界主要会议城市中的排名为第 27 位。

日本国家旅游机构——国际观光振兴会（JNTO）是官方指定负责商务会议和奖励旅游的机构，其下设的日本会议局负责会议的统一管理。

3）阿联酋。阿联酋在中东地区属于富裕国家，其充满吸引力的贸易体系已经使其成为中东地区的国际经济和金融中心，也是北非、南欧、西亚、南亚以及中东地区的商品集散地和转口贸易中心。作为一个快速发展的国家，阿联酋近年来在国际会展业中的地位迅速上升，发展成为整个中东地区的会议展览中心、旅游中心和运动休闲中心。其中，被称为“中东威尼斯”“世界黄金中心”的迪拜更是具有举足轻重的地位。

迪拜会展业凭借政府的强势参与以及国际性知名会展公司的运作，20 世纪 90 年代初脱颖而出，逐渐发展成为全球展览会和会议的重要举办地之一。2003 年，世界银行和国际货币基金组织联合年会在迪拜国际展览中心举行，使其达到又一个会展业发展的高峰。2003 年，迪拜会展业产值已达 15 亿美元。目前，迪拜最大的两家展览中心——迪拜世贸中心和迪拜机场展览中心每年举行的会展超过 70 个，参展客商达 1 500 万人。此外，在其他一些展览地点，如酒店、迪拜工商会、商业街也举行过一些小规模的展览会。2007 年，迪拜举行了 100 多个国际展览会，会展业产值达到约 25 亿～30 亿美元，参展客商人数达到 3 500 万～4 000 万人。

迪拜政府日益加大对会展业的推广力度，几乎每个重要的展览，政府部门都会派要员参与剪彩，汽车、建材等会展甚至由最高首脑出面捧场。以迪拜批发市场和自由区为中心的中转市场围绕一个个主题展览迅速运作起来，就像一个控制中心，将展览期间的成交和展后的后续成交指令通过这个中转港口连续向整个中东发送出去，从而带动了港口、贸易、旅游、政府服务的发展，并进一步支撑展览业的健康发展，形成产业的良性循环。此外，5%的低关税、高效的清关成为迪拜会展业的优势。展品可在现场销售也可回运，已交的关税可以退回；有十几家世界级展位设计公司和超过 30 家搭建公司长驻迪拜，提供后勤支持。

展览巨头也纷纷抢滩迪拜。目前，已有很多国际知名的展览公司在迪拜设立了办事处，其中一些公司已经开始在迪拜组织大型的展览会。如德国法兰克福公司已经在迪拜设立分公司，运作几大品牌展览，并于 2003 年、2004 年 5 月的中东汽车配件展览和五金家电等展会上展现了实力。两年内，几个展览项目的面积不断翻番，并在原有几个品牌的基础上，通过对当地原有展览项目的收购，使 2005 年该公司在迪拜的展览项目达到了 12 个，成为迪拜展览业中具有领导性的展览集团之一。

2. 我国会展业发达的地区与城市

（1）区域会展经济带

由于市场、交通条件和运输费用的影响，从地域分布的角度而言，我国会展业最初分布在北京、上海、广州、深圳等经济发达和沿海地区。随着近些年来我国经济的快速发展，会展产业的布局状况也有了一定的变化，从原来相对聚集于东部沿海地区逐渐向中西部内陆地区扩散。但是，我国会展经济的区域特征仍十分明显，初步形成了五大区域会展经济带。

1）环渤海会展经济带。环渤海会展经济带以北京为中心，包括北京、天津、河北、山西、内蒙古等省市区。

北京是中国的首都和政治、经济、文化中心，具有发展会展经济的天然优势。在中国会展城市中，北京会展业发展较早，有影响的品牌展览会最多，国内得到UFI认证的展览会有一多半位于北京。

随着北京加速建设国际化大都市和举办2008年奥运会，北京会展经济将加速前进；同时，因其强大的区域辐射和扩散功能，带动天津等周边城市会展经济的发展，形成以北京为核心、由京津地区向整个华北地区延伸的会展经济产业带。

环渤海会展经济带在发展重点上，适合形成以北京举办高影响度的大型国际会议、论坛和高技术含量、高附加价值的展览会为主，以天津等地的经贸交易会为补充的会展产业布局结构。

2）长三角会展经济带。长三角会展经济带以上海为中心，包括杭州、南京、苏州、无锡、义乌等长三角城市群内的城市。

从中国目前几个主要经济区域的经济发展状况来看，以上海、南京、杭州、宁波、苏州为代表的长江三角洲城市群汇聚了中国6%的人口和近20%的国内生产总值，是中国经济、科技、文化最发达的地区之一。

长江三角洲区域经济的龙头——上海的会展经济整体实力在全国居于前列，是名副其实的中国会展中心城市。目前，上海一年365天几乎每天都有展会，举办场次占全国的1/10，每年展会直接收入30多亿元，其产业带动系数按1∶6计算，也为地方经济带来了180亿元的收入。在“十一五”规划中，上海提出“十一五”末要形成国际经济、金融、贸易、航运中心基本框架，取得社会主义现代化国际大都市建设的阶段性进展；并加快形成以服务经济为主的产业结构，积极发展会展旅游、专业服务等产业，培育国际会展品牌；同时，结合世博会的举办，发展浦东世博——花木国际会展集聚区。可以预见，在加快向国际化大都市迈进的过程中，上海将发展成为亚洲乃至世界会展中心城市，并因其与周边城市具有紧密的经济联系，通过各城市之间相互协调和配合，形成一体化联动发展的区域会展经济态势。

从发展方向看，长三角会展经济带因其城市大部分都是沿海城市，经济国际化程度比较高，适合发展各种形式的以经济为主题的会议、行业性展览和大型国际综合性展览。

3）珠江三角洲会展经济带。珠江三角洲会展经济带以广州、香港为中心，包括深圳、东莞、顺德、珠海、中山等会展城市。

珠江三角洲会展经济带是目前中国会展经济极为繁荣的地区。广州作为中国第一展“广交会”的所在地具有毋庸置疑的影响力。香港是中国所有会展城市中发展最早、国际影响最大的会展之都，其自由港、贸易港和经济中心的优势使它在会展经济发展过程中走在最前列。

珠江三角洲还具有强大的产业支撑体系。目前，珠江三角洲地区一些新的中心城市，如深圳、东莞、顺德等具有雄厚的工业基础，成为我国重要的电子信息、生物技术、光机电一体化、新材料等领域的高新技术产业聚集区，钟表、玩具、建材、家用电器、石油化工、医药制品、化工制品、纺织服装、食品制造、电子通信等产业十分发达，这为华南地区展览市场提供了丰富的项目资源，使其适合发展具有地方产业特色的专业会展。

就区域整体而言，珠江三角洲会展经济带中的各城市适合依据自身产业特色开发各类专业性、行业性展会，形成多层次、多元化、互为补充的会展经济结构。

4）东北会展经济带。东北会展经济带以大连为龙头，以哈尔滨、长春、沈阳为中心，以边境贸易为支撑。

据统计，在大连每年举办的几百个会展活动中，展会项目占70%左右，大型会议和论坛占20%左右，节庆活动占10%左右。近年来，节庆活动呈上升趋势，除了国际知名的大连国际服装节以外，大连国际啤酒节、大连国际沙滩文化节、大连国际赏槐节、大连烟花爆竹节等影响不断扩大。同时，大连政府高度重视会展业发展，拿出巨额资金修建了大连世界博览广场、城市轻轨（飞机场直达会展中心的高架公路）等城市硬件设施，对引进国外会展给予优惠条件，制定和健全相关的政策和法规，完善会展市场的游戏规则，使大连的会展产业发展空间不断扩大，也将在东北会展经济带的进一步发展过程中发挥更重要的作用。

东北地区与中国其他经济区域相比，竞争优势还在于与俄罗斯、韩国、朝鲜相邻，边境贸易具有相当大的发展潜力。因此，东北地区的几大城市可以利用地缘优势，依托特色产业开发对俄、韩的经贸类展会，培育具有区域特色的会展经济。

此外，在中央振兴东北的战略之下，东北老工业基地的产业结构将会逐渐进行调整和提升，经济格局也会产生相应的变化，东北会展业也将会出现更多有关东北区域经济发展的新主题。

5）中西部会展经济带。中西部会展经济带以昆明、成都、西安为中心，包括武汉、重庆、乌鲁木齐等城市。

随着西部大开发的推进，我国西部城市获得了更多的发展机遇。在发展过程中，中西部会展中心城市应依靠优势产业、区域特色产业、重点发展与扶持发展产业，突出地方个性，培育地区特色展会。1999年，昆明世界园艺博览会确立了昆明在会展、旅游、休闲产业上的优势地位。成都是西南地区的“三中心、两枢纽”，具有较强的区位优势与地缘优势，其城市辐射功能较强，对中国西部会展大市场的培育与发展有着举足轻重的影响。近年来，全国糖酒会、四川国际熊猫节等会展活动已逐渐形成品牌优势。西安则是我国的历史文化名城，历史、文化类会展活动可以成为其会展经济发展的立足点。

中西部会展经济带的发展要加强区域合作，实现资源共享，优势互补；同时，也应加强基础设施建设，完善交通、通信、运输、建筑、餐饮宾馆等基础条件，以支撑会展业发展；此外，还应增强市场服务和竞争意识，不断完善会展城市的服务功能。

从中国会展业的发展现状来看，上述5个区域会展经济带的发展要齐头并进还不太现实，而进行梯度错位发展则可以成为一种利于区域会展经济协调发展、利于区域间竞争与合作的有效策略；从各区域的发展情况来看，则应各展所长，充分发挥各区域自身的资源优势、产业优势等，构筑区域会展经济创新系统，以促进区域会展经济的腾飞。

(2) 会展中心城市

全球展览业协会UFI认为：一个城市或地区如果基础设施相对完备、人均收入处于世界中等水平以上，服务业在GDP中的比重超过制造业且过半，外贸份额占GDP的比重接近或超过100%，行业协会的力量相对较强，那么会展经济就会在该城市或地区得到强势增长，并发挥重要作用。

从我国会展产业发展的实际状况来看，在上述五大会展经济带中已出现众多会展城市，只是各自的区域辐射力和影响力不同，会展城市中心度也就不同。其中，北京、上海、广州可以被称为国际性会展中心城市，其他会展城市则或为全国性会展中心城市，或为区域性会展中心城市。

1) 北京。北京的会展业起步早，发展全面，曾执中国会展业牛耳，其展览总面积也居全国之首，展会规模、层次处于全国领先地位。北京地区中央国家机关、大型国有企业总部、跨国公司在华总部云集，权威机构集中，市场资源集中，这是北京发展会展业的基础和最大优势。

按照北京海关的统计，北京每年国际来华展达200个左右，其中北京国际展览中心举办的国际来华展就有20多个。“十五”期间，北京每年平均举办各类展览会400多个，超过全国展览会总数的10%，其中国际展的比重更大。2005年，北京已有大型展馆10座，室内展览面积近18万平方米。同年，北京展览市场总规模近

20亿，据估算，到2010年，其规模将近40亿。此外，全国具备举办大型国际展览会资格的250多家展览公司中，北京就占据了130多家。北京这130多家公司的性质呈多元化状态，既有国家各部委所属的企业，也有各行业协会主办的企业，还有两家北京市属的展览企业。

1998年，北京成立了由北京市外经贸委批准，北京贸促会发起，北京的展览公司、展览服务公司和展览场馆自愿参加的北京国际会议展览业协会。其主要职能是向会员单位提供市场调研报告、会展人员培训、知识产权保护服务以及争议调解等服务，协调会员企业与政府之间的关系，以及逐步构建北京会展业的“行规”体系。

2）上海。作为我国的经济贸易中心城市，上海具有辐射华东、眺望全国的区位优势。上海的开放意识较强，吸引了众多海外企业的关注，在引进优秀人才和先进理念方面走在全国的前列；而众多国际知名企业在上海落地，也给上海带来了许多国际性会展项目。

上海会展业伴随改革开放的脚步迅速崛起，已成为上海国民经济的助推器和新亮点。上海举办的全国性和国际性展会数量、展出面积和展览收入一直呈快速增长趋势，逐渐步入国际化、规模化与品牌化的道路。“十五”期间，上海每年举办各类展览300多个，其中4%都是具有一定知名度的国际展会。目前，上海专业的办展公司已有上千家，德国展览业巨头——汉诺威展览公司、杜塞尔多夫展览公司、慕尼黑展览公司、法兰克福公司等已经进入上海，前三者还与上海市浦东土地发展（控股）公司共同投资兴建了上海新国际博览中心。

上海市政府已把会展业列入今后5～10年重点发展的都市型服务业。落户上海的展会越来越与上海的国际经济中心、贸易中心、金融中心、航运中心的城市目标相关联，汽车、环保、IT、建筑和生物制药已成为上海会展业的五大热点。

全球排名前100位的工业型跨国公司中，已有半数以上云集沪上，一些全球性经济会议纷纷选择在上海举行。另外，包括APEC会议、国际商会年会、环太平洋论坛年会、亚太法官会议、国际引航员大会等多个高层次国际性会议先后在上海举行，为上海赢得了国际会议中心的声誉。而举办2010年世博会，必将推动上海会展业步入更加广阔的天地。

3）广州。广州是我国改革开放的前沿，是对外经济文化交流的门户。广州会展业历史悠久，开放程度高，软硬件设施完善，是国内会展业发展最早、会展经济最活跃的地区之一。其展览数量、展出面积、展会的规模和影响，都位居全国前列。

有“中国第一展”美誉的广交会已走过 51 个春秋，共举办了 103 届，是中国目前历史最长、层次最高、规模最大、商品种类最全、到会客商最多、成交效果最好的综合性国际贸易盛会。依托广交会的影响力，广州周边地区出现了百展争鸣的格局。

广州的展览开放程度很高。广州有悠久的商业文化传统，民间经商办实业风气十分浓厚；同时，广州在我国改革开放事业中走在前列，政策束缚少，市场机制在经济中发挥着主要作用，市场开放度很高。在广州既有国家级的广交会，也有纯粹的国外来华专业展，还有民营展览机构所举办的各类专业展，不仅组展者是民营企业，甚至参展商也是以民营单位为主。因此，可以说，广州的展览业是一个百花齐放的行业，它给了每个相关经营者同等的发展机会。

改革开放以来，广州及珠江三角洲地区成为外商投资的热土，成为中国乃至世界的加工制造中心，电子元器件、轻工、消费品类展会得以迅速发展。广州周边城市如东莞、顺德、中山等地区经济极具活力，产业各具特色，形成了各自的专业展会，与广州展会交相呼应，也促进着广州会展业的发展。

思考题

1. 会议和展览都有哪些类型？
2. 会展业的作用是什么？
3. 简述国际与国内会展业的发展历程。
4，当今国际会展业发展有哪些特点？趋势如何？
5. 目前，我国会展业发展的特点如何？面临哪些问题？
6. 会展业发展需要具备怎样的条件？
7. 简要介绍世界主要会展机构与组织。
8. 简要介绍世界主要会展发达国家。
9. 我国有哪几大区域会展经济带？其区域范围和会展产业的特点是什么？

第3章

会展策划基础

第1节　会展市场调研方法

要举办一个大型的会议或展览，首先必须进行科学的立项策划。而立项策划的关键在于，在广泛、深入的市场调研的基础上，充分掌握各种市场信息，尤其是目标顾客和竞争者的信息，以确保未来的会展项目具有乐观的发展前景。开展市场调研是成功举办一次会议或展览会的基础，主办方对会议或展览会的市场价值的正确选择依赖于科学的市场调研理论、方法和技术。

会展市场调研的常用方法如下：

1. 二手资料调研法

二手资料是相对于一手资料（亦称原始资料）而言的。所谓原始资料是为了解决特定问题而专门收集的访谈资料、观察资料、实验资料或其他调查资料。而二手资料是指那些经他人收集、加工整理、已经发布的数据与资料。二手资料的收集相对快捷，成本也较低。

通常，会展二手资料的主要来源包括：会展企业内部积累的各种资料；会展企业外部的各种相关资料，其来源有国家机关、统计部门、行业协会、报刊文献、因特网、专业调研公司、科研机构等。

在操作上，二手资料调研法主要有以下几个步骤：

（1）确定所需资料的种类和来源渠道。

（2）充分利用会展企业内外的各种资源进行相关资料检索。

（3）有次序、有重点地实施资料收集。

（4）筛选、分析、选用资料。

2. 访问调研法

访问调研法是通过询问的方式向被调查者了解市场情况，获取原始资料的一种方法。根据调查人员与被调查者接触方式的不同，又可将访问法分为问卷访问法、面谈访问法、电话访问法、邮寄访问法和网络访问法等。

（1）问卷访问法

问卷访问法是以书面的形式向被调查者提出问题，然后根据其作出的答案来进行资料收集的一种研究方法。调查人员将所要研究的问题编制成问卷，通过邮寄或者当面作答的方式获取答案，然后将问卷回收整理并加以研究，从而了解被调查者对某一问题或者现象的看法和意见。按照问卷传递方式的不同，可以将问卷访问分为报刊、留置、邮寄、当面填写等类型。

问卷访问法的优点包括：调查者易于操作，获得的信息相对可靠，问卷调研结果的编码、分析和解释都比较容易，也可以缩短整个调研活动的进程。但如果调研问卷设计不合理，如问题太多使人厌倦，或者问题涉及隐私等，可能使调查者很难收集到所需信息。

问卷调研成功的关键在于问卷的设计，它决定了调研方向、范围、内容和效果。一份好的调查问卷应该是简洁友好，使被调查者愿意配合调研工作，同时又要将需要调研的问题在问卷中全面体现出来。

在设计调查问卷时，应该注意：

1）避免双重装填。即避免在一个问题中混杂着两个甚至更多个变量，因为它会导致应答者难以作出准确回答。

2）避免用词不当。即尽量不使用含糊不清的词，同时避免使用专业术语、俗语和缩写词等。

3）避免诱导性提问。这类提问会人为地增加某些回答的概率，从而产生偏误。因为带有诱导性的提问容易使无主见的回答者依循调查者的倾向回答问题，最好采用中性的提问。

4）避免抽象性提问。抽象概念的提问一般较难回答。问卷如果一定要涉及抽象概念的提问，最好给出一些具体的看法，让回答者仅回答赞成与否。

5）避免敏感问题。对于敏感问题，如涉及政治、社会规范、伦理、个人隐私等问题，应充分强调保密性问题，并用假定法来提问以提高问卷应答率。

（2）面谈访问法

人员访问是通过调查者与被调查者面对面交谈以获取市场信息的一种调查方法。询问时可按事先拟订的提纲顺序进行，也可采取自由交谈方式。

面谈访问法的优点在于灵活性强，拒答率较低，调查资料的质量较好，调查对象的适用范围广。但是它也存在不少缺点，如调查费用较高，对调查者的要求较高，访问调查周期较长等。

通常，会展企业登门拜访客户，在会展活动现场直接访问活动参与者，了解他们的需求和意见时，采用的都是面谈访问法。

（3）电话访问法

电话访问法是通过电话中介与选定的被调查者交谈从而获取信息的一种方法。由于彼此不直接接触，而是借助于电话这一中介工具进行，因而是一种间接的调查方法。电话访问的突出优点是信息反馈快、费用低、辐射范围广，但也存在调查内容深度不足、难以判断所获信息准确性和有效性等问题。

会展企业在对客户进行电话访问时，应该注意以下问题：

1）准备好调查问题。熟悉业务知识，了解受访者情况。

2）挑选和培训好调查员。电话访问对调查员的要求主要是口齿清楚、语气亲切、语调平和。

3）选择合适的访问时间。应该避开受访者的休息时间，特别是就餐时间。

4）做好访问记录。

（4）邮寄访问法

邮寄访问法是市场调查中一种比较特殊的资料收集方法，它是一种将事先设计好的调查问卷邮寄给被调查者，由被调查者根据要求填写后寄回的一种调查方法。

邮寄访问辐射范围广，费用低，可以给予被调查者相对宽裕的时间作答，便于被调查者深入思考或从他人那里寻求帮助，而且可以避免面谈访问调查中可能受到的调查人员的倾向性意见的影响。另外，邮寄访问的匿名性较好，所以对于一些人们不愿公开讨论而市场决策又很需要的敏感性问题，邮寄访问同网络访问一样，无疑是一种上选方式。

不过，邮寄访问往往问卷回收率低，回收期长，时效性差。因此，会展企业采用这种方法进行调研时，应注重采取跟踪提醒、预先通知、有效激励、邀请权威机构主持等技巧和方法，以提高调研的成效。

（5）网络访问法

网络访问法是一种随着因特网发展而兴起的最新访问方式，主要是市场调查者系统制作需要调查的问题，通过因特网收集资料的一种调查方法。

网络访问同其他访问方式相比具有明显的优点，其辐射范围非常广，访问速度快，信息反馈及时，匿名性好，费用尤为低廉。但因其访问对象局限于网络用户，可能会造成调查误差。而且，网络访问所获信息的准确性和真实性程度也比较难以判断。

随着因特网功能和影响的不断扩大，会展业信息化程度的不断提高，网络访问的方式越来越受到会展企业的重视，网络访问在会展市场调研中的作用将日趋重要。

第 2 节　会展策划的原则与特点

1. 会展策划的基本原则

会展策划是会展运营管理工作的起点和成功的基础，它必须遵循社会经济的客观规律和会展活动的基本原则。

（1）目的性原则

任何一项会展活动都有特定的目的，或为提升地区形象，促进地区经济增长和社会发展；或为传递信息，交流观点。在会展策划工作的最开始，要明确拟举办的会展活动的主要目标，并在此基础上开展市场调研，有目的性、有针对性地开展会展项目决策、项目计划营销推广、实施运作等工作。

（2）可行性原则

任何一个会展策划，作为一种想法，开始只留在头脑中，作为创意，只是一种设想或文字的组合，它在现实中可能顺利实现，也可能遇到不可克服的困难而半途而废，因此，会展策划的前提便是其可行性。

首先，会展活动在筹备过程中所涉及的财务、人员、场馆设施、政策法规等都需要遵循可行性原则。

其次，应全面考察与会展活动相关的各方面信息，并充分研究该项目所涉及行业的竞争能力、发展潜力，以及评估项目对行业原有状况的影响，以避免“一叶障目，不见森林”的片面行为。

最后，由于项目策划讲求投入产出比，因此在选择项目时，应当注重效率，尽量选择投入产出比高、投入产出周期短的会展项目。

以某新产品新闻发布会为例，对其可行性的思考内容主要有以下几个方面：

1）发布会的主要场所、新产品的展示空间。是否可以获得合适场所？产品应以何种形态展示和说明？

2）新产品的示范。新产品是何种商品？是否方便进行实物示范？

3）接待参与者。怎样安排座位？接待空间布局条件如何？

4）招待宴会场所。谁是宴会宾客？如何进行招待？宴会标准如何？

5）娱乐节目安排。表演何种内容的节目？是否可以获得适合的娱乐节目？

6）发布会的推广方式。以谁为对象？在何时进行何种方式邀请？是否能邀请到合适的媒体？

7）交通状况。交通可达性如何？

8）后续沟通。是否有条件开展后续追踪工作？

（3）规范性原则

随着会展业国际化进程的加快、会展行业制度环境的进一步完善，会展活动的策划应该遵循国际准则，遵循行业管理规范，遵守各项法律法规。

当前，我国会展行业的法律建设还不完善，相关的管理政策与法规多分散在行政性的条例法令之中，或者是会展项目所在地区的区域性法规之中，这也在一定程度上阻碍了从宏观角度对会展活动的策划进行规范性管理，造成一系列违规现象。因此，一方面，国家应尽快构建符合中国国情，又与国际接轨的会展法规体系；另一方面，会展企业在策划会展项目时，也应自觉地遵守各项规定，这不仅是项目取得成功和持续发展潜力的要求，也是建设一个有序、有效的会展大市场的前提。

（4）效益性原则

策划会展项目的目的多种多样，但不可否认，大多数项目的目的是获取效益，这是会展项目是否成功的重要评价指标，也是关系到项目能否持续发展的重要因素。这里所说的“效益”主要是指经济效益，也包括社会效益、生态环境效益。因此，会展组织者应在进行会展策划时，关注效益目标，关注效益实现的方式和途径；同时，要追求微观效益与宏观效益、近期效益与远期效益的统一。

例如，奥运会在发展过程中，一度被认为是入不敷出、无法获利的活动，如1976年的蒙特利尔奥运会，政府开支20亿美元，亏损10亿美元，就是典型例子。但是，自23届奥运会以来，这一情况发生了巨大变化，成功运营的奥运会开始能够获得巨大的经济效益。第 23 届奥运会在美国洛杉矶举办，美国政府及洛杉矶市政府都不提供经济援助，但美国第一旅游公司副董事长——尤伯罗斯独具慧眼，坚持主办奥运会，经过精心策划，采取了下列措施：

——出售电视转播权。

——以每公里 300 美元卖出火炬传递权。

——提升开、闭幕式的门票价格。

——开发奥运会商品，经销各国纪念章。

——裁减奥运会工作人员。

——借用学生宿舍作为运动员的住处。

最终，预算费用为 5.25 亿美元的该届奥运会不但没有亏损，而且赢利 2.5 亿美元，开启了奥运会“赚钱”的历史。由此可见，策划会展项目时，应始终秉持效益性原则，多渠道、多方面地获取效益，提升项目价值。

(5) 创新性原则

创新是事物得以发展的动力，是人类社会不断发展的主要途径。在当今激烈的市场竞争环境当中，新策划的会展项目若想脱颖而出，吸引大量的参与者，必须有其独特新颖之处；而一个规律性的会展项目，若想保持其吸引力和生命力，也必须不断创新，结合社会经济发展的热点，拟订新主题，开展新活动，以延长会展项目的生命周期。

以“中国国际园林博览会”为例，它之所以成为当前各大城市争办的盛会，与其形式不断创新密不可分。该博览会由建设部和地方政府共同举办，以展示各地园林花卉成就为主。前四届展会都是临时性展会，展园在展会结束后全部拆除。从第五届深圳园博会开始，园博园在选址方面进行创新，结合城市规划，将园博园建成永久性的园林设施。而 2007 年在厦门举办的“第六届中国国际园林花卉博览会”上，“水上园博园”等多项创新之举为园博会续写了节约型园林建设的新篇章。此外，厦门在还未获得园博会主办权之前就确定了园博园地址，计划把园博园的建设作为厦门旅游业升级换代的平台，并预留园博园完善提升的资金，以实现再造一个鼓浪屿的城市总体布局。正是因为与城市发展规划结合、依靠多重城市力量办会的创新模式，使得园博会不仅起到促进城市绿化建设的作用，也能推动社会经济发展，同时推动园博会不断深化自身内涵，始终保持了旺盛的生命力。目前，重庆、济南、秦皇岛、郑州、长沙等城市已经在积极申办第七届园博会。

2. 会展策划的主要特点

（1）针对性

会展策划有其特定的目的，为实现这些目的，策划的具体内容应该以项目的主要目标为中心，有针对性地设计各种活动。在进行策划创意、选择策划方法、制定策划方案时，都要考虑策划的针对性，以其作为会展项目策划的立足点和出发点。需要注意的是，策划针对的是会展活动的主要目标，在项目进程中安排的大量看似无关的细节性活动也始终不能脱离主要目标这一主线。

例如，哈尔滨推出冰雪节，不仅是要推动当地旅游业的发展，更是要以冰雪节为契机，举办冰雪交易会，与国内外客商进行贸易磋商，互通信息，推进城市经济的发展。在每年冰雪节期间，都为各参与企业搭建了良好的沟通与交易的平台，帮助企业在冰雪交易会上开展全方位的促销攻势，宣传优势产品，塑造企业文化形象。在有针对性的活动安排下，海内外厂商、客户云集“冰城”，成交额逐年上升。第十届哈尔滨冰雪节交易会为期一周，成交额就达 51 亿元，为吸引投资、开发项目、推动贸易往来、促进旅游事业发展作出了巨大贡献。

（2）系统性

会展策划是对会展项目整体的运筹计划，必然要统领全局，具有系统性特征。这一特征有利于减少会展策划的随意性和无序性，提高其成功概率。此外，系统性要素主要包含时间与空间两个方面。从时间角度而言，会展策划的系统性主要是指会展主题选择与国家、区域、城市重要政策或制度推出时间之间的结合与协调，会展项目前、中、后 3 个阶段工作的连贯与协调，会展项目时间选择与节假日、相关产业经营时间规律、竞争性会展项目时间等之间的协调与配合；从空间角度而言，会展策划的系统性主要是指会展题材选择与国家、区域、城市产业结构及产业发展状态的结合与协调，会展项目在一定空间范围内与竞争性项目的协调与整合等。

（3）灵活性

在飞速发展的社会经济环境中，会展业环境的变化也常常会出乎会展企业和从业人员的预料，全球化、网络化的时代使得世界上新生事物、新的变化不断出现，新的问题总在向会展从业人员提出挑战。即使是经过认真分析和精心策划，也难免会遇到很多意外和风险，使会展项目无法按计划举行或不能达到预期效果。因此，组织者在策划会展项目时应当注重策划的灵活性与弹性，能根据实际情况随时调整策划方案，及时响应客户需求及环境变化。

如“上海国际工业博览会”期间，为了让更多观众能从容观展，组委会决定延长展览时间，增设夜场参观，解决了许多参观者白天无法观展的问题，取得良好的展览效果与社会反响，展览策划灵活性的作用得以体现。

第 3 节　会展策划的内容与流程

1. 会展策划的主要内容

如前所述，会展策划是一项系统性工程，它涉及多方面内容，一般来说，主要包括会展调研与立项计划、会展运作与实施计划、会展总结与评估计划 3 个方面。

（1）会展调研与立项计划

会展调研及立项计划是所有会展策划工作的依据和基础，是判断会展项目是否可行、能否顺利达到预期目标的决定因素。

这一部分的工作主要包括：确定调研方向和目标；拟订调研方案；收集分析相关信息；得出结论，撰写调研报告、立项策划书和可行性研究报告；计划项目立项和报批。

对于新的会展项目，会展调研工作涉及面广，需要对新的项目题材领域有全面的认识，对目标客户市场有深入的了解，对相关机构（政府部门、媒体、竞争对手等）有密切沟通或侧面了解；对于已有的会展项目，也要对项目题材所在领域的产业、政策的最新动态有全面把握，对竞争环境有清晰认识，对老客户的需求和建议有深入了解，以便及时调整会展项目的主题方向和实施方式。从某种意义上来说，会展调研工作往往也是会展营销工作的起点。

在调研的同时，会展项目的组织机构也会明确项目立项报批的相关政策法规，从而对这一工作进行计划和准备。

（2）会展运作与实施计划

会展运作与实施计划是会展策划工作的中心环节，是会展项目运营管理的指南与依据。

这一部分的主要工作包括：编制可行性预算方案；制订营销推广方案；撰写项目筹办计划；确定媒体策略；筹划现场服务和管理方案；安排场地、物流、通信与供应计划等。

以会议运作和实施计划为例，涉及以下工作内容：制订计划，确定必要工作；

制订会议议程；了解可供使用的场地和设施情况；提议、选择合适场地；考察、比较和确定场地和设施；设计、布置会场；安排交通事宜；协调会务工作人员的工作；招收、培训会务人员和其他人员；制订可行性预算方案或按既定预算安排有关工作；确定各项工作的时间安排；接洽相关供应商（运输公司、旅行社、视听服务公司）；确定印刷公司；安排餐饮、娱乐项目的相关事宜；联系会议发言人和贵宾等。

（3）会展总结与评估计划

会展总结与评估计划是会展策划工作的必要环节，是全面了解会展项目实施效果、总结经验和教训的有效手段。会展总结与评估都具有回顾、分析的性质，但前者偏重于总结会展项目运作过程中的操作方法、数据资料、难点问题、经验教训、运作结果，基本由会展组织机构自行总结；后者则强调将会展项目的运营效果与预期目标进行比较分析，同时评价会展项目的效益与工作绩效等，可以由会展组织机构自我评估，也可以由相关政府管理机构、第三方机构进行评估和审计。

在会展策划阶段，应该根据会展目标制订会展总结与评估计划，例如：确定总结与评估的指标体系，确定所需数据资料的来源与采集方法，确定数据分析模式等；制订会展参与者的后续服务计划与再营销计划；制订会展总结与评估的汇报计划与媒体宣传计划。

2. 会展策划的基本流程

会展组织机构在初步具备会展项目意向后，往往会组织一个正式或非正式的会展项目团队，按以下流程开展会展策划工作。

（1）信息收集、市场调研与项目可行性分析

在会展策划的第一阶段，要根据初步的会展意向与目标收集各方面信息，开展有效的市场调研，并根据调研数据和资料，对拟开展的会展项目进行可行性分析。如分析得出可行的结论，则可着手开展立项决策工作；反之，则改变原有意向，另行选题，重新开始这一阶段的工作。

（2）立项决策

在可行性研究通过的基础上，可以决定对会展项目立项和报批，准备好相关报批程序和文件，并同时开始编制预算、制订推广策略等工作。

（3）编制项目预算

在明确立项的前提下，根据项目历史情况、相似项目数据、组织者经验等，可以编制详细的预算方案。预算不仅是会展运营工作的指南，也是会展总结评估的重

要参照体系。

需要指出的是，在会展项目可行性研究阶段，也有必要进行初步的成本收入预算与利润预期工作，为项目能否立项提供经济依据。

会展项目预算的主要内容包括费用项（固定费用，如营销费用；可变费用，如餐饮费用）、收入项（如拨款、注册费、赞助）、预期利润、损益平衡分析（可用于确定会展产品价格，如展位价格）。

（4）拟订项目营销与推广计划

会展项目的营销和推广贯穿项目运营的全程，从最初的调研到最后的总结，都要充分利用各种机会开展这项工作。完善、系统、动态的营销与推广策划是会展项目成功的关键因素。

通常，可以应用营销组合策略进行会展项目的营销与推广策划，主要包括产品开发和定位策略、产品价格策略、营销渠道策略和促销策略。一般来说，其中最核心的工作是招商、招展、招募与会者。

（5）制订项目实施方案

项目实施方案主要是围绕会展项目的场地安排、现场管理与服务、相关活动安排等展开策划。策划方案时间性、程序性强，内容具体详细，用图表等表现形式应用较多。

（6）确定项目后续工作

会展策划的最后阶段，要确定项目结束后的工作安排，包括会展总结、评估以及为客户提供的后续服务，以掌握会展总体效果，把握客户需求，保持与相关机构的沟通，明确下一次活动的改进方向，开展下一次会展活动的营销。

思考题

1. 简述会展市场调研的主要方法。
2. 会展策划要遵循哪些基本原则？
3. 会展策划的特点是什么？
4. 简述会展策划的一般流程。
5. 会展策划的主要内容是什么？

第4章 会展营销基础

第1节 会展营销的主要相关者

1. 会展营销利益相关者系统

利益相关者是任何可能影响组织目标实现的群体或个人，或者是在这一过程中受到其影响的群体或个人。在当代西方企业管理学理论中，也越来越重视利益相关者，倾向于将企业与股东、顾客、社区和政府之间相互依存、双向互动的关系纳入广义的企业管理范围。

大型的会展活动会牵涉多个利益主体，对于会展营销工作而言，每一个利益主体都可能是一种营销主体，也可能成为另一营销主体的营销对象。这些会展营销的利益相关者包括会展举办地的政府部门和非政府组织、会展主办公司、会展承办公司、会展服务公司、会展场馆，与会者、参展商、观众、企业员工、社区居民、相关媒体和赞助商等。他们彼此关联，在不同层面建立营销关系，共同构成会展营销利益相关者系统，见图 4—1。

会展营销利益相关者系统可以划分为 3 个圈层：

（1）核心层

核心层是最核心的会展营销利益相关者，主要包括会展举办地区政府、会展主办机构、会展承办企业、会展服务企业、会展场馆、会展参与者（与会者、参展商、观众）、赞助商、媒体机构。

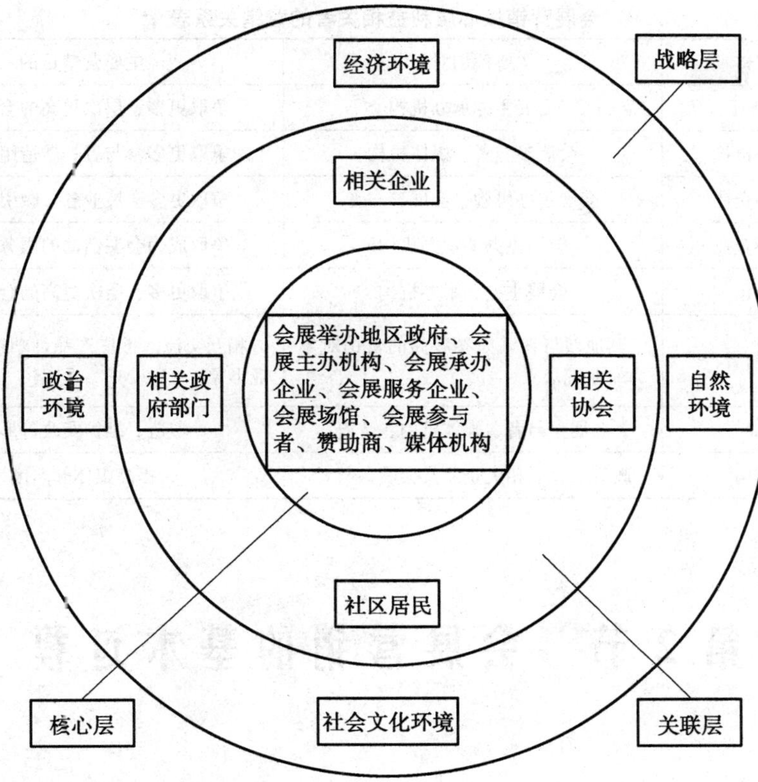

图 4—1　会展营销利益相关者系统

（2）关联层

关联层是与会展营销活动有所联系的利益相关者，主要包括与会展项目相关的政府部门、会展活动题材所在行业的协会组织与会展业协会组织、会展活动所在社区的居民、会展活动题材所关联的企业。

（3）战略层

战略层是会展营销活动的战略环境和会展活动持续发展的基础条件，主要包括自然环境、经济环境、社会文化环境与政治环境。

2. 会展营销核心层利益相关者的营销关系

会展营销核心层的利益主体相互依存和互动，彼此间产生多重的营销关系，见表 4—1。

表 4—1　　会展营销核心层利益相关者的营销关系表

营销主体	主要营销对象	主要营销目的
会展举办地区政府	会展主办承办机构	争取更多、层次更高的会展活动
会展主办机构	会展参与者、媒体机构	争取更多参与者，塑造组织形象
会展承办企业	会展主办机构、会展参与者	争取更多会展业务，吸引参与者
会展服务企业	会展主办、承办机构	争取成为会展活动的服务供应商
会展场馆	会展主办、承办机构	争取更多、层次更高的会展活动
会展参与者	其他参与者（如参展商的营销对象为专业观众）	相互交流，推广产品，塑造及维护企业形象
赞助商	会展参与者、媒体机构、政府	塑造、维护及改善形象
媒体机构	政府、会展相关企业、会展参与者	提高媒体知名度

第 2 节　会展营销的基本过程

1. 会展营销信息收集与调研

在开展会展营销活动之前，有必要全面收集相关营销信息，进行市场调研和分析工作，从而为会展项目制定有效的营销策略。

通常，在会展策划过程中的调研阶段，就应该有意识地收集各种会展营销信息，了解目标客户的需求、竞争对手的状况等。这部分信息十分庞杂，主要包括外部营销信息和内部营销信息两个方面，见表 4—2。

表 4—2　　外部营销信息和内部营销信息

分类	内　容
外部营销信息	会展项目营销的宏观环境信息，包括政策法规、经济与产业、社会文化等信息
	会展项目营销的市场环境信息，包括竞争对手、供应商、代理商、目标客户等信息
内部营销信息	会展组织者的经营战略、组织结构、财务状况、营销部门在组织中的地位和作用等信息

会展营销信息收集和调研过程贯穿会展项目运营的全过程，不仅包括在项目前期收集会展营销信息，分析信息资料，以制定和实施有效的营销策略；也包括在项目实施过程中，随时了解各相关方对项目的反馈；以及项目结束后的总结性调研，

以便及时调整项目的运营方式，为下一次营销活动打下基础，也为会展组织者的整体营销创造良好条件。

2. 会展市场细分与定位

（1）会展市场细分

会展市场细分是指把会展分割为具有不同特点、不同需求的受众群体，以便从中选择会展项目的目标客户群体，进行准确的市场定位。

与一般产品的市场细分类似，会展项目的市场细分方式繁多，主要可以分为四大类：地理区域细分、人口/企业统计细分、心理细分、利益细分，见表 4—3。

表 4—3　会展项目市场细分

类型	含义	适用性
地理区域细分	把会展市场划分为不同的地理区域，如全国、省、市、县等市场	会议、展览活动都可以用这种方式对市场进行细分
人口/企业统计细分	将会展市场按人口统计数据（如年龄、性别、家庭生命周期、收入、职业、教育、宗教等）或企业统计数据（如注册资本、产值、营业收入、纳税额等）划分为不同群体，从而对市场进行细分	一般来说，会议项目的市场细分可以参考人口统计数据，而展览项目则可参考企业统计数据
心理细分	根据会展参与者的社会阶层、生活方式和个性特点等，将参与者划分成不同的群体进行市场细分	通常，对会议项目、特殊活动的参与者，消费类展览的观众等，可以采用这种方式进行市场细分
利益细分	根据会展客户所寻求的利益进行市场细分	对会展项目而言，这种细分方式应用范围广，效果较好

会展组织者应该根据自身的实际情况，在不同的竞争阶段，选择适当的细分要素，也可以同时选用多个细分方法，使市场细分更为准确有效。

（2）会展市场定位

市场定位是会展项目保持生命力并得以持续发展的关键。在充分掌握了会展市场信息的基础上，会展组织者要根据自身发展要求和资源获得的情况选择合理的目标市场，并根据目标市场的特点和需求确定会展主题。会展的主题相当于一般产品的 USP（独持销售主张），可以表现项目的特色，区别于竞争性项目，从而有效地吸引参与者。就专业展览会而言，定位精准的主题可以帮助选择和控制参展商产生限制及约束条件，确保参展商属于同一领域，在一定程度上突出和维护展会的特点和价值。

3. 会展营销计划制订与实施

（1）会展营销计划制定

制定可行的会展营销计划是会展营销的重要环节，会展组织者应针对目标市场确立营销目标，对可能采取的各种营销手段进行分析和整合，最终制定出会展营销计划方案。方案的内容主要包括营销目标、营销对象、营销策略组合、营销预算、营销时间、营销人员安排等。

此外，会展营销计划可能是全面的营销策划，包含了全部营销过程和所有营销策略；也可能是单项计划，如专门的促销计划、关系营销计划等。

（2）会展营销计划实施与控制

会展营销计划实施与控制就是把营销计划付诸实施，并在实施过程中对营销的人力、财力、物力、时间等进行管理和控制，及时处理好各种问题和突发情况；也可以同时在合适的时间节点对营销计划的营销目标和实现程度进行检验，及时发现和纠正偏差。

4. 会展营销评估与调整

会展市场环境瞬息万变，在营销计划实施的过程中往往会遇到许多突如其来的情况，对计划实施的效果产生影响，这时就需要及时评估影响因素和调整营销计划；另一方面，在营销计划中每一阶段的工作告一段落以及全部结束后，也需要对已经取得的营销效果作出评价，并对计划作出相应调整。

会展营销评估主要分为以下 3 个阶段：

（1）营销计划可行性评估阶段

在会展项目营销实施前，决策者对该营销计划进行分析，通过考察计划本身、资源获得情况以及实施团队能力的衡量，决定是否可以实施营销计划。

（2）营销阶段性评估阶段

在会展营销实施过程中，每完成一个重要的阶段都应该进行一次阶段性评估，总结经验教训，及时调整计划。

（3）营销总结性评估阶段

在会展营销结束以后，将营销结果和目标进行比较，衡量营销活动的效果。如果偏差较大，则要分析偏差产生的原因，并总结营销过程中的各种经验，整理相关资料。

第 3 节　会展营销策略组合与主要营销方法

1. 会展营销的 7Ps 策略组合

会展项目作为一种产品，与一般产品的营销活动相仿，也可以采用经典的营销策略组合来进行营销。在传统的 4Ps 营销组合（产品、价格、渠道、促销）基础上发展而来的 7Ps 组合更符合会展产品作为服务业产品的特征要求，即会展营销策略组合由以下要素构成：产品、价格、渠道、促销、过程、人员、实体展示。

(1) 产品（product）

对于会展组织者来说，会展活动本身即是其提供给市场的产品。在这一框架内，会展产品体现为多层次、多形式的产品复合体，既包括展览展位、会议席位等有形要素，也包括服务水平、品牌形象等无形要素。

会展项目主题的选择和开发是形成会展产品的基础。项目选择的准确意味着会展产品符合市场调研的结果，具有市场针对性和可行性。会展产品是个复合体系，不仅意味着会展产品的内涵丰富，要素构成复杂，也意味着不同的利益相关方对产品认识各不相同，产品开发和营销的不同阶段其产品内涵也不相同，因此，对于会展产品的任何一个组成要素都应该精心考虑，系统开发，动态发展，不断创新，使会展产品日益完善，具有持续发展的能力。

此外，会展产品也必须注重品牌。品牌会展是会展组织者的重要资产，对于今后的会展产品策划和营销具有重要意义。会展品牌经营的主要目的是通过对会展项目进行品牌化经营来提高其影响力和市场占有率，并努力使该项目在近似题材的会展市场上形成一种相对垄断，即形成一种“品牌产权”。一旦在市场上形成了品牌产权，该会展项目就会拥有品牌知名、品质认知、品牌忠诚、品牌联想四大核心资产，这些资产是会展项目展开市场竞争最有力的武器。

(2) 价格（price）

一般而言，会展项目产品的价值主要通过参展商、专业观众的参展、观展，与会者的参会来实现。会展产品营销成功后的收益主要来自参展商的参展费、与会者的参会费，以及租赁费、会刊收入、赞助费等。而会展组织者要负担的成本主要包括各项调研费、场地费、营销推广费、设备费，以及会展结束后的信息收集整理、客户维护、其他营运和一般管理费用。除一些公益性会展活动、奖励型会议与公司展览等项目外，会展产品的定价都应该注重成本与收益的比较，并在项目运营后获取一定利润。

主办方或会展企业在制定会展产品的价格时，需要考虑以下因素：会展行业竞争状况及企业的竞争能力、会展项目成本状况、会展市场需求状况及水平、会展项目周期、市场发展情况及市场环境、会展产品定价目标、会展企业整体经营战略等。

在综合考虑以上因素的基础上，确定会展组织者承担的成本和预期获得的收益，再运用成本导向、需求导向、竞争导向等定价方法，以及心理定价法、折扣定价法等定价技巧来确定产品。需要指出的是，折扣定价法的采用要十分谨慎，一般不应直接降低会展产品报价，以免影响到客户对产品的信任度。价格的决定必须慎重，必须建立在详细的、真实的、审慎的市场分析基础之上，一经决定，应不再更改，否则，带来的负面效应不仅会影响会展机构本身，也将影响整个行业利益。

（3）渠道（place）

会展营销渠道是指对会展项目进行推广的路径和机构。通常，会展营销渠道可以分为直接营销、代理营销、直接与代理相结合的营销。

直接营销是指会展组织者直接针对目标客户，开展自主营销。

代理营销是指会展组织者借助营销代理机构来促进产品销售，代理机构和代理模式的选择较多，通常由会展组织者确定。以国际展览项目为例，代理机构可以包括海外代理公司、各国各地区政府、国外驻华机构与商会、行业学会或者协会的海外组织、海外咨询公司、海外旅游公司等。

直接与代理相结合的营销是指兼顾这两种方式进行营销。

（4）促销（promotion）

会展产品的促销方法主要包括人员推销、媒体广告、直接邮寄、公共关系、相关活动、相关展会促销等。

在制定和实施会展促销的过程中，首先要对促销对象的心理、行为、职业、媒体接触习惯等特征进行分析，并在此基础上确定选择何种促销方式，然后制定促销费用预算，再将各种促销活动投入运行，并根据促销效果对促销策略进行动态调整。

在应用与调整促销方法时，需要关注广告成本。要根据不同行业的特点选择广告发布渠道，有的会展活动需要政府相关部门支持，有的可以依靠相关行业协会推荐，有的则可以吸引学术界的关注。把促销力度放在相关行业内最具权威性及影响力的机构及媒体上，才能起到较好的宣传推广效果。

（5）过程（process）

会展活动作为服务性产品，具有生产与消费同时进行的特征，很难在活动结束后通过“退换产品”的方式弥补产品缺憾和客户损失。因此，会展组织者必须注重会展服务过程，以客户为本，在会展前、中、后阶段提供完善、连贯、一致的服务。

以展览会为例，其产品构成中包括展台搭建公司、货运代理公司、保险公司、旅行社和酒店等提供的各种服务，这些服务都将在展前、展中和展后各个阶段得到全方位的体现。这就要求展览组织者对整个活动流程进行有效的控制，明确各种规章制度，做到规范化管理，优化各个服务环节，关注服务细节，尽量减少参展商和专业观众的不便，提高对展览会的满意度。

（6）人员（participants）

在会展活动中，客户始终都会与会展服务或管理人员接触，人员服务的质量对会展产品的质量有重要影响。因此，在会展产品的营销过程中，要充分重视员工服务的作用，与客户建立良好关系，提高营销的效率和效果。会展相关机构都应根据市场要求和自身情况来培训员工，开发会展人才，使员工明确工作任务、服务内容以及服务规范，逐步提高其经营和管理技能。

（7）实体展示（physical evidence）

尽管会展产品是一种服务复合体，但产品构成中也包含“实体展示”的要素，而且，这种有形要素往往成为会展参与者的第一印象要素，直接影响到会展客户对产品的评价。因此，会展营销主题应该重视“实体展示”，将无形的会展服务用可见的具体有形的形式表现出来，便于客户对无形的会展服务有所感知。

“实体展示”的内容主要包括：硬件环境、设施装备及导引系统。硬件环境是指会展场馆中的展厅展位、会议室、餐厅等；设施装备包括电梯、通信设施、供水供气装备、视听设备等；导引系统是指会展现场的标识设置、交通指引系统等。

2. 主要会展营销方法

（1）电话销售

电话销售即通过电话，有计划、有组织、高效率地扩大会展客户群，并提高客户满意度，维护和保持客户。作为一种营销方法，电话销售尽管显得比较传统，但它能使会展组织者在一定的时间内快速、准确地将信息传递给目标客户，并及时获得反馈，争取客户，其直接和高效的特点使得它仍然是会展营销的最重要方式之一。

电话营销是相对感性的销售过程。在会展营销实践中，电话营销的效率性与便利性往往是通过营销人员的个人魅力与技巧来实现的。会展组织者要促成电话营销工作成功，需要注意以下几个方面：

1）对电话营销人员进行专业化培训。高效率的电话营销与销售队伍的招聘、培训、激励、组织体系管理、计划等因素有密切关系。在电话营销人员全面熟悉会展组织机构与会展项目的基本情况后，会展组织者需对电话营销人员的基本技巧进行系统培训，包括：了解目标客户的参会或参展动机，为目标客户准备建议方案，了解目标客户的背景资料，训练电话营销人员建立个人魅力与谈话技巧。

2）为电话营销提供 CRM 软件系统支持。CRM 客户关系管理软件是电话营销工作中最主要的管理工具。合适的 CRM 客户关系管理软件在提高会展营销效率的同时，也为决策层管理和分析客户资料、制定合适的营销策略提供科学的决策依据。将电话营销记录输入 CRM 管理系统，可以帮助营销管理人员积累关于目标客户的多种信息，选择开展电话营销的分类客户群，从而有针对性地进行跟进或开展进一步的会展电话营销工作。

3）利用广告、信件直邮等相关营销方法支持电话营销。从会展营销的实践角度来看，在开展电话营销之前，如果已经通过广告、信件直邮等营销方法使目标客户了解到会展项目的相关信息，则电话营销人员与客户间的沟通就会更容易，也更容易取得积极效果。因此，电话营销不是孤立的，它需要各相关营销方法的支持和配合。

（2）直接邮寄

直接邮寄方法是将各种资料直接寄给潜在的会展客户，邀请他们参与会展活动。直接发函是一种传统、直接、单向的宣传营销方法，尽管存在着反馈率不高的问题，但因其成本较低、性价比较高，目前仍然是会展业使用最广泛的营销方法。直接邮寄工作要根据需要和预算安排工作量，可以在会展目的地、会展组织者所在地或其他目标区域展开。

直接邮寄材料应主题鲜明，中心突出，简明清晰，应将重点内容安排在邮寄材料的开头、结尾和附言段落，因为这是邮件阅读率最高的部分；应将邮件内容尽量安排在 4 页的篇幅内以达到最理想效果；应在邮寄材料中明确反馈激励措施，如价格优惠、广告优惠等；还应使邮寄工作有持续性和连贯性，在会展活动开始前，保证 3～4 次直接邮寄。

会展组织者可以根据自己的客户数据库，或者从相关机构处通过合作、购买方式获得邮寄名单，独立开展直接邮寄工作。此外，还可以利用专门的直邮公司进行这项工作。这类公司在发达国家已很普及，在我国的大中城市也越来越多。在委托其办理直接邮寄前，要先了解发函公司更新邮寄名单的周期，以便确定其质量。随着现代信息技术的迅速发展和普及，利用电子邮件、传真等发送营销材料的方式也越来越普遍。

(3) 广告宣传

广告宣传是会展营销的重要方式。会展广告的范围可能覆盖已知的和潜在的所有目标客户，可以将会展项目情况传达到直接联络所遗漏的目标客户，加强直接联络的效果。广告宣传覆盖面广，但成本高，因此对广告安排要谨慎控制和管理，明确广告宣传的目标，确定合理预算，谨慎选择广告媒体，仔细安排广告时间。

通常，会展广告宣传的方式主要包括大众媒体广告和专业媒体广告。

1) 大众媒体广告。会展组织者可以选择电视、报纸、户外广告、网站、交通媒体等开展广告宣传，其作用在于塑造会展品牌形象和吸引一般客户参与会展活动。它的优势是覆盖面广，能让大量受众获取关于该会展的信息；时效性强，可以随时根据会展项目的运作状况的变化来调整广告内容和形式。但总体而言，大众媒体广告对专业性会展的目标观众，如参展商、专业观众、与会者的针对性不够，无法直接吸引有效客户。除一些消费类、公益性展会，大型公共活动之外，这类广告都不是会展项目宣传推广的主要模式。

2) 专业媒体广告。专业媒体是指会展项目题材所在行业的专业报刊、杂志、网站。它是专业类会展项目进行广告宣传的主要选择，其主要优势在于针对性强。专业媒体的阅读者通常都是会展题材相关行业的从业人员或主要相关者，他们也正是此类会展活动的目标客户。因此，在这类媒体上做广告，能直接高效地向这些目标客户传递会展信息，起到较好的营销效果。另外，这些专业媒体往往在行业内有一定权威性和影响力，在这些媒体上做广告也就相应具有较高的可信度。

(4) 活动推广

活动推广方法是指采用新闻发布会、核心客户招待会、推介会、庆祝会等公关活动来营销会展项目。各类公关活动与一般广告的区别就在于它并不是直接推销产品或者服务，而是通过一系列活动来塑造会展组织者的良好形象，促进公众对组织者及其会展产品的了解，改善组织者与公众之间的关系，从而达到间接销售会展项目的目的。

在开展公关活动营销时，要精心策划活动的时间、地点、邀请的嘉宾和媒体单位、发布会的内容和程序。其中，尤为重要的是活动内容，要突出拟推广的会展项目的特色，如服务项目创新、参展品的全球首发、演讲者的行业地位等，使公关活动具备新闻价值，成为媒体和公众关注的焦点。

（5）网络营销

网络作为信息时代的主要工具和载体，其优势无可比拟：速度快，时效性强，管理相对容易，交互性好，成本低，效率高。对于会展组织者的营销工作而言，网络营销能在最大范围内吸引会展参与者，为他们提供个性化服务，并大大降低整体营销成本；还能为各参与者建立高效的信息交换和沟通平台，提供高质量的增值服务，从而实现全过程、系统化、动态化的营销管理。

从会展营销实践的角度看，会展网络营销的主要方式包括会展网站、电子邮件、搜索引擎、客户关系管理等，在本书第 5 章第 4 节，将对这种营销方法进行进一步的介绍。

（6）代理营销

会展营销代理是会展项目，尤其是国际会展项目非常重要的营销渠道和营销方法，它可以提高会展营销活动的专业性和效率，减轻会展组织者的营销压力，提高营销效果。

通常，展览项目使用营销代理，特别是招展代理的情况最为多见。招展代理的主要形式见表 4—4。

表 4—4　　招展代理的主要形式

形式	含　义
独家代理	在承诺完成一定数量招展任务的基础上，独家代理在一定时期内独家享有并承担某一地区的招展权利和义务，在该地区内，办展机构及其他代理商都不能进行同一项目的招展工作
一般代理	在同一地区同时有几个代理商和办展机构进行招展，但必须明确彼此的招展权限，并统一招展条件
承包代理	代理商承包一定数量展位，无论是否能完成承诺任务，都要按商定的展位费付给办展机构

思　考　题

1. 会展营销利益相关者系统是怎样构成的？
2. 简述会展营销的基本过程。
3. 什么是会展营销的7Ps组合？
4. 可以采用哪些方法进行会展营销？
5. 请在所在地区选择一项大型会展活动，并总结分析其营销方法。

第 5 章

会展运营管理基础

第 1 节　会展项目管理基础

1. 项目管理概述

（1）项目管理的含义

项目管理是指在一个确定的时间范围内，为实现项目的特定目标，通过特殊形式的临时性组织运行机制，对项目发展周期的各阶段工作进行有效的计划、组织、领导与控制，充分利用既定有限资源的一种系统管理方法。

项目管理具有以下基本特点：

1）项目管理具有系统性。项目管理一般由多个部分组成，工作跨越多个组织，需要运用多种学科的知识来解决问题，还需要将具有不同经历、来自不同组织的人员有机地组织在一个临时性的组织内等。这些因素都决定了项目管理需要统筹各种资源，系统性强。

2）项目管理具有创造性。由于项目具有一次性的特点，因而既要承担风险又必须发挥创造性。项目的创造性依赖于对现有资源与信息的掌握，来源于项目管理团队的经验与水平；也依靠科学技术的发展与支持。在项目管理的前期构思中，要十分重视利用现有资源，对各类信息进行有效组织，这是解决问题和产生新构思的首要途径。

3）项目管理具有生命周期。项目管理的本质是计划和控制一次性的工作，在规定期限内达到预定目标。一旦目标实现，项目就失去其存在的意义并结束。因此，项目具有一种可预知的生命周期，在这一周期中，通常有一个较明确的阶段划分，这些阶段可通过任务的类型或通过关键的决策点来加以区分。

（2）项目管理的主要内容

项目实施过程中所涉及的进度、费用与质量是项目管理的 3 项关键内容，它们之间在项目实施过程中存在相互协调、相互制约、相互适应的关系。因此，项目的进度管理、费用管理、质量管理及其相互间的有机关系就构成了项目的三坐标管理体系。

项目的进度管理是项目能否按期完成的基本保证。项目的进度管理可分为项目进度计划的编制和项目进度计划的控制两个环节，两个环节相互依存，不可偏废。

项目的费用管理是项目能否按照批准的预算完成的基本保证。项目的费用管理主要包括资源计划、费用估计、费用预算和费用控制等几个方面的内容。

项目的质量管理是项目能否按照设计者规定的要求完成的基本保证，包括使整个项目的所有功能、活动能够按照原有的质量及目标要求得以实施。项目的质量管理主要由质量计划、质量保证、质量控制等几个环节构成。

2. 会展项目管理概述

（1）会展项目管理的含义

会展项目管理是指在一定的会展时间范围内，由会展项目管理团队对会展项目的前、中、后 3 个阶段的工作任务进行统筹管理、系统运作的各种管理活动的总和。

（2）会展项目管理的基本流程

会展项目管理是一个系统工程，其包含的内容颇为广泛。按照其核心内容来讲，主要包括会展项目计划管理、会展项目进度管理、会展项目营销管理、会展项目人员管理和会展项目财务管理。每一项内容对于整个会展项目的实施都是至关重要的，具体流程见图 5—1。

1）启动阶段。通过会展市场调研、项目可行性研究确认会展项目可以开始并付诸行动。

2）计划阶段。为实现启动过程提出的目标而制订计划，提出会展项目运营的全程方案，并进行项目分解，将一个会展项目整体分解成易于管理和控制的若干个子项目或工作任务。

3）实施阶段。执行会展项目计划，对人、财、物等资源进行组织和协调，同

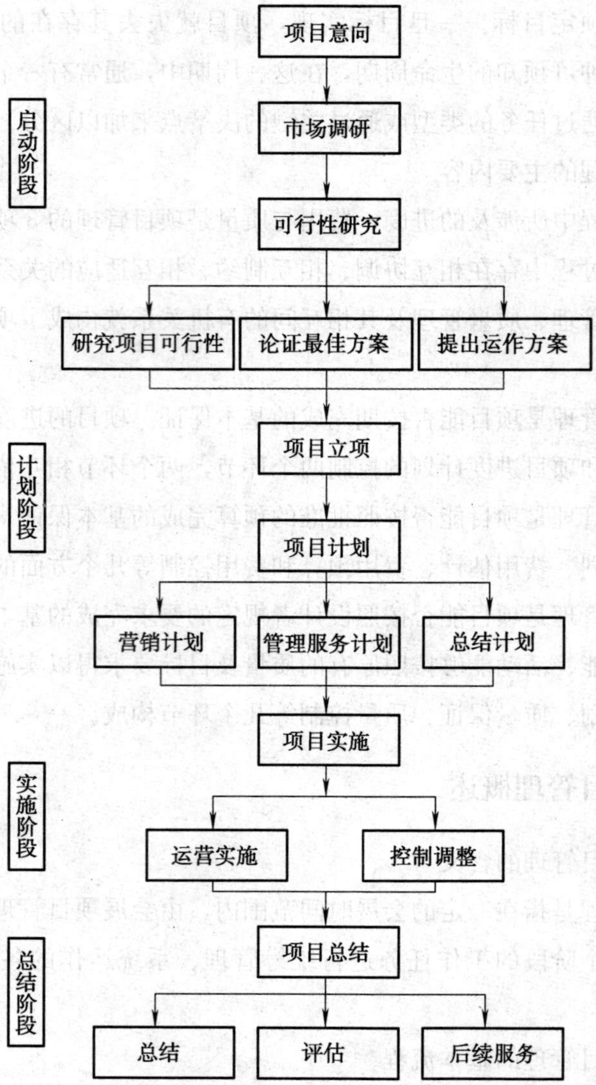

图 5—1　会展项目管理流程图

时监控、测量项目的进程，并在必要的时候采取调整或纠正措施。

4）总结阶段。会展项目实施结束后，对项目运营情况进行总结和评估，并为会展参与者等相关人员提供后续服务，提供相关报告、资料和数据，保持沟通，为下一次启动新项目奠定基础。

(3) 会展项目管理的核心内容

在会展项目管理的全过程中，不能偏废任何一个细小的环节，但就总体而言，其核心内容有以下几个方面：

1）以市场为导向的需求识别。对会展组织者来说，同样存在着“做正确的事”

和“正确地做事”的要求。前者对会展项目管理的影响往往是战略性的，后者则是战术性的。因此，在会展项目管理的最初，一定要通过市场调研、可行性研究等方法，分析出会展参与者及其他重要利益相关者的需求，并采取措施满足其需求。

2）项目管理团队组建。会展项目产品的服务性质决定了“人”这一要素的重要性。领导者的管理水平、团队人员的协调与合作精神、高效积极的服务等，都是组建项目管理团队时要考虑的因素。

3）沟通管理。保持有效的沟通渠道是保证会展项目按正确方向行进的有效方法。会展组织者应该制订好沟通计划安排，在项目管理团队中的管理方与会展客户之间建立顺畅的沟通环境和体制。

4）时间管理。时间管理是会展项目管理中的一个关键内容，也称为进度管理，它对于控制会展项目的进程至关重要。会展项目管理者通过确定、调整合理的工作排序和工作周期，可以在满足会展项目时间要求的情况下，使资源配置和成本控制达到最佳状态。

5）预算管理。会展项目要取得预期收益，必须充分重视预算管理。管理者应借助专业人员，从整体出发，合理安排预算项目，控制成本开支，发掘收入来源。

6）风险管理。在项目管理中，风险的定义是“能够影响项目一个或多个目标的不确定性”。由于会展项目涉及面广，复杂性高，经常会受到不确定因素的影响，其面临风险的概率也较高。在会展项目管理过程中，管理团队要具备风险预防意识和风险识别能力，充分考虑各种不确定因素可能导致的后果，为各种可能的突发情况制订应对措施。会展项目管理者可以根据项目风险特性、项目组织抗风险能力、可供选择的风险应对措施和办法、机遇和威胁等因素，采用购买保险、制订应急计划、从外部获取各种资源、设立应急的不可预见费用、制订可替代的项目总体方案或具体实施方案等来应对风险。

第 2 节　会展配套服务基础

1. 展览配套服务概述

（1）搭建服务

展览场馆及在展览期间内设置的各类展位是展览运营的载体，展厅、展位的设计、布局与搭建直接关系到展览的效果，是展览配套服务中最重要的组成部分之一。

1）展位的基本类型。按展位的形式可将其分为如下类型（见表 5—1）：

表 5—1　　展位的类型（按展位的形式分）

类型	设置	搭建	特点
标准展位（也称标准摊位、标摊）	国际标准展位面积通常为 3 m×3 m，隔断高度在 2.3～2.5 m 之间。其标配设施有一张桌子、两把椅子、两盏射灯、一个电源插座、一个废纸篓，并铺设地毯	标准展位一般由主办方指定的搭建商统一搭建，往往模式相同，无法取得良好的展出效果。很多参展商租用后，采用标摊改建的方法来改善展示效果。标摊改建是指在装饰上、色彩上、高度上对标准展位进行设计和改建，以增强视觉效果和吸引力	相对于特装展位，标准展位改建的设计、制作、施工和拆除都比较方便，成本也较低
特装展位	在租赁光地（一定面积的空地，通常面积不小于 6 m×6 m）的基础上自行设计和搭建的展位	一般来说，由主办方指定的搭建商负责确定光地的方位，并在四个角划好定位线。特装展位一般由参展商自行选择搭建商进行搭建	特装展位形式、结构、材料、色彩变化丰富，可以取得较好的展出效果，但成本较高，设计、施工和拆除较为复杂

根据展位所处位置、周边通道、相邻展位等情况，可以将展位划分为以下主要类型（见表 5—2）。不同的展位类型有不同的设计、布置和搭建要求。

表 5—2　　展位的类型（按展位的位置和环境分）

类型	概念	优点	缺点
单面开口型	一般分布在过道的两侧，只有一面向观众通道敞开	三面隔墙提供了较为充分的展示空间，可以用展板、展墙宣传画、浮雕、摄影、图表、文字等资料来进行展示	进深窄，视角小，与观众交流机会相对较少
双面开口型	一般位于通道拐弯处或“十”字形、“丁”字形通道交叉处，有相邻两面向两边观众通道敞开	观众流量比较大，视野宽，比较适宜重点展品与精品的展示	用于展示的墙面少，需要更多地使用独立展具
双向通道型	是两端敞开的位置	有较充分的展示空间，两边可摆放展品，观众在通道中可以边走边看，人流畅通，展示效果好	经常成为过道，有效观众比例较低
内角型	一般位于场馆的墙角处	两个相邻通道流动的观众均可注意到展位，容易吸引观众	需要租赁 3 个展位才能达到展出效果
半岛型	展位三面空间向通道敞开	设计安排非常灵活，视野开阔，容易构成某种舞台景观效果，成为视觉中心	不易使用标准展具，可利用的展墙很少。一般来说，参展商至少要预定 4 个展位，才能获得半岛型展位

续表

类型	概念	优点	缺点
岛型	一般位于展厅的中央位置，四面敞开，通常都是以空地的形式提供给参展商	展示面积大，造型尺度、规模可以相对较大，观众流动最为畅通，流量较大，很容易成为视觉焦点	没有可供利用的墙面。一般来说，参展商至少要预定8个展位，才能获得岛型展位

2）展具的基本类型。现在使用较多的展示用具主要有三大类（见表 5—3）。

表 5—3　　展具的基本类型

类型	概念	优点	缺点
一次性使用展具	一般是由较有实力和较具创意的展览工程公司为客户量身定做，所选材料多为木制品	可因地制宜，通过千变万化的造型充分体现参展商及其展品的形象	这种展具一旦成形就不易改变，而且单次使用，价格较昂贵
循环租用式展具	通常由于价格较为昂贵，参展商并不拥有此类展具的所有权，而是向展览工程公司租用	结构坚固，器材耐用，通过钢制支架拼制造型，视觉效果丰富，灵活性强，即使在同一次展会里亦可每日改变	此类展具价格较高，不易携带
循环便携式展具	通常用可折叠的支架辅以喷涂精美的宣传图片，塑造出流畅的整体线条而不拘泥于传统的三面围板式结构，能较突出地体现参展商形象和传递展品信息	价格相对便宜，便于携带。一般来说，用于布置 3 m×3 m 标摊的展具，拆卸折叠后一人就可以搬动，十分适合长途运输到异地、国外参展；此外，这类展具可在结构允许范围内改变形状，也可以通过更新宣传图片以配合新产品的展示	这种展具变化幅度较小，展示丰富性较弱

3）搭建服务商。一般来说，为展览提供搭建服务的服务商主要有主场搭建商和特装搭建商两类。

①主场搭建商。一般是由展览主办方指定，主要负责展厅内的水电气等动力设备的预订及安装、标摊搭建、展厅公共服务设施（新闻中心、服务中心、会议室、指示牌等）的搭建等。此外，主场搭建商也可以提供标摊改建、特装搭建、紧急加装、撤展等多项服务。

②特装搭建商。通常是租用光地的参展商自行选择和确定的服务商，可能是主办方推荐的搭建商，如主场搭建商，也可能是其他搭建商。各个参展商选择不同特装搭建商搭建，形成类型多样的展位，主办方一般不予干涉，但是会要求其必须遵守相关规定，如限定搭建高度、要求使用防火材料等。

4）展位搭建服务要点。按照搭建商的一般工作程序，展位搭建服务有以下要点：

①展位设计准备。在设计展位之前，搭建商必须首先了解展览的性质与主题、

参展商的企业文化与形象定位、展位所处的位置、展馆的相关情况及搭建规定等。

②展位设计。在了解相关情况之后，搭建商可以按照参展商的参展目的和要求，设计出具有时代感、创新性、可操作性的展位搭建方案。

③展位搭建。展台搭建是整个展位设计搭建流程中最重要的部分，在这一过程中，要特别注意以下工作：

a. 图样审核。通常在每个租赁光地进行特装的参展商都必须在规定时间内随同指定搭建商申请表提交一份最终的展位设计图，以供当地消防部门及展馆进行审核。而双层展台的搭建更需要审核批准，所有双层展台设计图必须经有资质的设计师签章。

b. 办理搭建手续。搭建商必须在规定时间内办理搭建手续，如办理搭建工作证，参展商进场搭建、展览期间以及撤展期间进入展馆的通行证等。

c. 熟悉和遵守展览搭建时间安排。一般的展览通常在展出前 3 天开始安排搭建商进行每天 10 小时的统一搭建。搭建商如需加班搭建，必须在当天向展览现场管理办公室提出申请，并按照展馆的规定支付加班费。

（2）物流服务

1）展览物流的含义。展览物流是关系展览能否成功举办的最重要的工作环节之一。美国物流管理协会将物流定义为：为迎合顾客需求而对原材料、半成品、产成品以及相关信息从产地到消费地高效率、低成本流动和储存而进行的规划、实施与控制过程。按照这一定义，展览物流是指为满足展览相关方的需求，在物品运出地与展览目的地之间，为展览材料设备与展览物品高效率、低成本流动和储存而进行的一整套规划、实施和控制过程，包括展览前后的仓储、包装、国内运输、进出口报关和清关、国际运输，展览中的装卸、搬运以及在此过程中所需要的信息流动。

从狭义上来说，展览物流服务主要包括两个方面的内容：一是与展览场馆搭建有关的建材、设备设施的物流服务；二是指展览物品，主要是展品的物流服务，这也是本书要着重介绍的内容。

2）展览物流的特征

①复杂性。参与组织众多，包括展览供需双方、众多物流服务供应商以及政府监管组织，而且不同性质的展览物品对物流的要求也不同。

②及时性。必须在展览流程的特定时间截点之前完成。

③返回物流。展览结束之后，大部分参展商需要将展览物品运回运出地，形成返回物流，这也是展览物流最重要的特征。

3）展览物流服务的一般过程。展览物流作为现代物流的一个分支，比一般运输、配送物流更具有专业性、服务性。优质的展览物流服务商不但能够为客户设计科学合理的运输方案，而且可以代替客户完成参展样品的提货、运输、仓储、装卸、包装、搬运、布展、人员组织、调度、管理、设备的供给、保养、服务的监督、保险等一系列工作。一般而言，会展物流的全过程主要包括以下一些环节：

①指定与选择物流服务商。按照国际惯例，大型展览往往由展览主办方指定物流服务商。指定物流服务商则根据主办方提供的信息与参展商联系，洽谈具体的物流服务。当然，参展商也可以与主办方进行沟通，自己选择物流服务商。

②设计与完善物流方案。在充分沟通的基础上，物流服务商根据主办方的规定及参展商的要求开始设计物流服务方案，包括展品的运输、保管、装卸、搬运、布展及回收等内容，国际性展览还需要涉及国际保险、报关等。

③实施物流方案。物流服务商根据方案进行提货、运输、保管等物流作业，并随时与主办方和参展商联系。交付展品后，物流服务商与参展商进行确认，展览结束后则启动下一轮物流或回程运输。好的物流服务商还可以为客户提供布展、展览管理、展品回收处理等一揽子服务。

4）展览运输的主要方式（见表 5—4）。

表 5—4　　展览运输的主要方式

运输方式	含义	主要优点	主要缺点
水运	是使用船舶在内河或海上运送展览物品的运输方式，是大型国际展览经常使用的运输方式	成本低，能进行低成本、大批量、远距离的运输	速度慢，受港口、水位、季节、气候影响较大，一年中中断运输的时间相对较长。使用此方式运输展品时必须留有充分的时间余地
空运	是使用飞机进行展览物品运输的方式	速度快、效率高、货物安全系数高，主要适合运载价值高、体积小、质量轻的展品（如精密仪器等），也适于运输急需的展品	单位成本很高
铁路运输	是使用铁路列车运送展览物品的运输方式	速度快，载运量大，运输成本较低	灵活性差，只能在固定线路上实现运输，需要与其他运输手段配合和衔接
公路运输	是主要使用汽车在公路上进行展览物品运输的方式，是展品运输中使用最广泛的方式	灵活性强，容易装车，适应性强，可以采取“门到门”的运输形式，即从发货者门口直到收货者门口，而不需转运或反复装卸搬运，主要承担近距离、小批量的货运和水运、铁路运输难以到达地区的长途、大批量货运及铁路、水运优势难以发挥的短途运输，也可作为其他运输方式的衔接手段	运输能力小，能耗较高，成本较高

5）展览现场物流服务的内容要点

①展品到达展览所在地口岸后的运输和进馆现场服务（指从港口、机场、车站提货至展位）

——展品到达展览目的地后处理相关文件。

——将展品从展览目的地各口岸运送至展馆现场存放点。

——进馆前存放展品并在开馆后将其送至展位。

——帮助参展商开箱并安放重件。

——运送空箱和包装材料至展馆现场存放点保存。

②进馆现场服务（指从展厅门口接货至展位）

——帮助卸车并将展品送至展位。

——帮助参展商开箱并安放重件。

——运送空箱和包装材料至展馆现场存放点保存。

③闭馆现场服务

——帮助参展商在展览期间保存包装材料并在展览结束后将其运回展位。

——帮助参展单位装箱并将其运送至展厅门口。

——帮助参展单位将展品运至展厅门口装车。

④闭馆现场服务及回运展品离开展览目的地前的运输

——帮助参展商在展览期间保存空箱并在展览结束后将其运回展位。

——帮助参展单位装箱并将其运至展览所在地口岸。

——办理展品回运的有关文件手续。

相关链接

国际运输代理的工作准则

国际展览运输协会（International Exhibition Logistics Association，IELA）对现场运输代理（site agents）规定了如下业务标准（standards of performance）：

现场运输代理的业务在很大程度上依赖于联络、海关手续和搬运操作3个方面的有效管理。国际展览运输协会对这3个方面的最低要求如下：

1. 联络

联络的第一要求是语言。国际展览运输协会现场运输代理成员必须配备会说流利英语、德语、法语以及展览会举办国家或地区的主要语言的雇员。这些语言几乎可以应付任何可能发生的事情。虽然展出者和外国运输公司在筹备参加国外展览会时会安排翻译，但是，协会要求现场运输代理能够用大部分客户所使用的语言进行交谈。只有熟练的语言能力才能达到沟通无障碍这一目标。

现场运输代理必须在展览会场设立全套办公设施，如果会场不具备条件，代理要在合理的距离内最好是步行距离内设立办公设施，并配备全套的、常设的支持（back—up）设备以便与地方办公室及时联系。

展出者必须能够随时找到现场运输代理而不需要走出会场。

为了协助客户与协会现场运输代理联络，协会要求现场代理配备以下设备：国际电话线路、国际电传线路、国际传真。

不允许通过地方电信部门提供这些服务。如果现场代理没有条件配备这些设备，至少也要配备传真。在大部分国家已不存在安装临时电话或电传线路的困难，少数发展中国家除外。

现场代理必须提供详细的、有效的邮政地址，这一点对临时在现场工作的代理非常重要，并安排展览会前后运输单证文件（如提单、海关文件等）直接寄给现场代理。

2. 海关手续

现场工作最关键的部分可能是办理海关手续。

协会代理与展览会组织者共同为展览会设立临时免税进口手续。根据海关规定，现场代理可能还需要担保或交保证金。

下一步是与海关官员商妥在现场工作的期限和时间，包括正常工作之外的时间，如周末、节假日。有些国家的海关规定不得在正常时间之外工作，而大部分国家的海关只要提前通知并作适当的补贴安排，就可以日夜工作。

协会代理必须做好上述两项安排以及其他必要的安排，以便可以随时找海关官员办理手续。

每天工作开始时间不得晚于8:00，工作结束时间不得早于16:30。在这个时间之外，如果有需要，仍可以找基干职员（skeleton staff）办事。

根据这些标准，可以有足够时间安排海关手续。

（1）进口手续

整车放行卸货：在预先完全通知的情况下，货车抵达后6小时；在未预先通知的情况下，货车抵达后24小时。

空运货物放行：在预先完全通知的情况下，货车抵达后8小时；在未预先通知的情况下，货车抵达后48小时。

（2）出口手续

包装检查：在预先完全通知的情况下，开始后2小时；在未预先通知的情况下，申请后8小时。

装车检查、铅封（货车放行）：在预先完全通知的情况下，装车后3小时；在未预先通知的情况下，申请后8小时。

办完出口或转口文件：在预先完全通知的情况下，提交文件后4小时；在未预先通知的情况下，申请提交文件后8小时。

另外需要指出的是，除进口手续未预先通知之外，所有手续都由同一海关官员在一个班次内完成。货车装货完毕，等待文件和铅封不应过夜。同样，展出者要求海关检查掏箱、装箱也应该在同一天办理。

但是，如果货车在海关下班前抵达或装完，又未事先通知，便难免过夜等待。在同样条件下，展出者临下班前要求海关检查也可能无法安排。

以上时间期限的前提条件是展出者提供全套、准确的文件，事先通知并准确地表述和申报。

3. 搬运操作

协会代理必须熟悉现场并在展览施工和拆除期间能随时使用合适的设备和有经验的搬运工。现场代理有责任事先预计到非常规、大尺寸物品的运输装卸问题，并准备好相应特殊设备。

代理要在现场安排仓储地，如果不可能，就在尽可能近的地方（不超过30分钟的路程）安排仓库，以存放易被盗或保密的物品。

空箱应当存放在现场或离会场尽可能近的地方，以备展出者将物品遗留而在箱内需要寻找，另外也为了展览会结束后能迅速将其运回空箱。如果有条件，空箱应当存放在室内；如果没有条件，必须采取措施保证空箱回运时与运出时状况一样。

空箱及时回运是展览会拆除成功的关键因素，使展出者能尽早装箱和装车，这有助于尽早清场。

如果展览会面积不超过 10 万平方米，空箱全部回运时间最晚也不得超过正式拆除第一天的 12:00。如果展出者或组织者同意，并更有利于拆除进度安排，空箱回运可晚一些。

如果展览会面积超过 10 万平方米，将视情况安排空箱回运时间。但是，在一般情况下，空箱回运工作必须在正式拆除第三天开始的时候全部完成。即使这样，代理仍必须合理安排，保证凡要求空箱回运的展出者都可以在正式拆除的第一天中午便开始收到部分空箱，其他空箱在以后陆续回运。

在任何情况下，都不允许发生有任何展出者一直等到拆馆的第三天才收到空箱的现象。

卸车和装车必须按商定的时间进行，以下时间适用于 10 万平方米及以下的展览会：

卸车或装车必须在同一天内尽快完成，条件是：车辆按施工/拆除计划时间抵达，或在工作日有足够的时间的情况下抵达。如果晚到，在不影响其他按时抵达的车辆装卸的情况下，必须在第二个工作日一开始就装卸。另外，如果展馆只有一个运货门，那么为该门附近展台运货的车辆应当尽量安排在施工期最后卸车，并安排在拆除期最先装车。

协调好所有展出者的要求，并相应安排好搬运操作，就可以避免出现混乱。在现场设立仓库有助于解决问题，对各方都有益处。

现场代理在收到使用吊车的要求后，应当能够在第二个工作日提供吊车服务。在此期间，代理可以安排设备和劳工。如果展出者要求当天使用吊车，代理在可能的情况下应该尽量安排，最晚在第二个工作日开始时安排好。条件仍然是不影响周围展台、走道、运货门的正常工作。

现场搬运操作的成功完全在于现场代理，现场代理必须事先协调好所有展出者的搬运要求，并提前将相应的安排通知组织者和所有展出者。这样就能够避免展出者提出工作计划之外的搬运要求或提出临时遇到的难题。

但是，不事先通知现场代理，却突然提出立即要解决大问题的现象确实存在，这种情况可能会严重影响正常的展场搬运工作。现场代理的任务之一就是使这种现象降低到最低限度，最终消除这种情况。

（3）其他服务

除上述两种最重要的展览配套服务外，为了使展览顺利进行、提高参展商的满意度，展览主办方还要提供租赁服务、保险服务、广告服务、商务服务、后勤服务等，以形成完善的展览服务体系。

1）租赁服务。一般来说，展览现场的物品租赁是由主办方委托主场搭建商负责的，但也有个别展览由主办单位自行提供部分物品的租赁。供租赁的物品和设备一般包括特殊展具、展示屏幕、通信设施等。

2）保险服务。展览主办方、场馆方、参展商等机构在展览运营过程中都会面临许多风险。为减少风险损失，各相关机构都需根据自身需要办理保险，包括展览会取消险、运输险、火险、盗窃险、破损险、第三者责任险、人身事故险、个人财产丢失险、医疗保险等。

展览主办方应该与相应的保险公司开展业务合作，为参展商提供保险建议和推荐保险机构。但参展商也没有必要投保所有险种，而是根据规定和需要选择险种进行投保，如展品的盗窃险、展具的火险等。

3）广告服务。为帮助参展商充分利用展览这个展示和推广平台，主办方应尽可能为参展商提供形式多样的广告服务，包括向参展商收集信息，出资在有关报刊媒体上做统一推广，以及由主办方提供宣传媒介，向参展商提供收费服务。如在展览会刊、行业杂志、社会媒体、相关网站上刊登有关报道或广告，在展览现场提供各类广告载体（广告牌、广告条幅、多媒体广告屏幕等），在展览相关凭证上进行冠名宣传（门票、出入证等）。

4）商务服务。展览主办方还应提供多种商务服务，满足参展商与观众沟通、开展商务活动的需求，这类服务主要包括会议服务（会议室提供与布置）、礼仪服务、翻译、打字、打印、复印、票务、酒店预订、旅游代理、社交活动安排等。

5）后勤服务。后勤服务主要包括安保、餐饮、保洁、班车等服务内容，要求重视细节，贴近参展商与观众的需求。

2. 会议配套服务概述

（1）住宿服务

住宿服务是会议配套服务中最重要的内容之一。通常，对于有住宿需求的会议，主办方可以选择在饭店或附带住宿设施的会议中心内举办，不仅方便与会者的活动，还可以获得合适的住宿及会议服务价格，也能减少会议安排和服务的难度。如果会议规模很大，在会议举办地点无法完全满足住宿需求的话，主办方需选择离会议地点较近、可步行往返的饭店安排住宿，或在住宿饭店与会议地点之间安排班车接送与会者。

住宿服务的安排主要包括以下工作内容：

1）充分了解与会者的住宿需求。会议主办方在安排住宿服务之前要对住宿需求情况作全面的调查和分析，主要包括：会议管理人员、与会者及陪同人员等的总人数，与会者对住宿客房类型（标准间、单人间、套间等）的要求，与会者对住宿价格的要求，与会者及陪同人员的抵达及离开时间，与会者的付费方式等。

2）选择住宿饭店。会议主办方应该根据已掌握的住宿需求情况，按以下标准来选择住宿饭店：

饭店的位置——与会场之间的距离，交通可达性；与周边旅游地点之间的距离；饭店所在地与会议主办方以往会议经历的关系，如协会类会议一般不会在同一地区内连续举办。

饭店的住宿供应——客房数量与类型能否满足会议需求。

饭店的餐饮服务——餐饮供应能力、餐饮质量与服务水平能否满足会议需求。

饭店的配套设施与服务——停车空间、商务中心、休闲娱乐设施等能否满足会议要求，能否提供会议室特殊布置，能否提供旅游、娱乐、社交活动等服务。

饭店的管理水平——饭店员工的服务效率与水平，饭店管理的水平能否满足会议要求。

3）确定住宿费用。一般来说，饭店的住宿费用与其星级标准、房型等因素有关，也与客房内提供的服务项目有关，如客房内的长途通信、迷你吧、洗衣、因特网等服务，会议主办方应明确饭店关闭或者开放的服务项目及范围。

有些饭店住宿费用是完全费用，而有些则需要另外加收政府税金。

会议主办方可以根据会议的住宿需求规模，与饭店协商获得费用折扣，或获得免费的房间、附加服务等。很多时候，依靠专业的会展服务商更容易获得理想的折扣。

（2）餐饮服务

餐饮服务是会议现场管理与配套服务的重要组成部分，餐饮服务水平在很大程度上影响与会者对会议整体的满意度。会议餐饮服务涉及范围较广，从了解与会者餐饮需求、安排不同类型的餐饮活动，到拟订菜单、签订服务合同、确定餐饮费用等，都需会议主办方仔细筹划。

餐饮服务的安排主要包括以下内容：

1）了解与会者餐饮需求。在确定餐饮活动类型、拟订菜单之前，应该充分了解与会者的来源地区、民族宗教背景、餐饮偏好、饮食禁忌等。当然，会议本身的性质、餐饮预算等因素也对餐饮服务的选择有较大影响。

2）选择餐饮活动类型。会议主办方在对上述情况充分了解的情况下，可在表5—5的餐饮活动类型中进行选择。

表5—5　　餐饮活动类型

类型	内　容
早餐	会议早餐食物的选择范围较大，大多数安排自助式早餐，也可以根据会议需要安排为正规复杂的早餐
茶歇	茶歇通常安排在上午和下午会议的中间，一般会持续15～30分钟，供应咖啡、茶或其他饮料，有时会辅以茶点等食品
午餐	午餐安排的主要依据是下午的会议活动计划。一般来说，会提供相对比较简单的食物
宴会	宴会一般安排在晚上。如果会议中午已经结束，也可安排午宴。晚宴是会议餐饮服务的重点，在主题、菜单、服务方式等方面的选择需要格外精心
招待会	招待会可以单独举行，或者在正式的宴会开始之前举行。招待会的目的决定招待会的食品选择，大多数招待会只提供饮料和点心
室外餐饮	室外餐饮活动能创造良好的就餐氛围，也方便安排需在室外进行的表演活动。目前，常见的室外餐饮活动包括晚宴、烧烤和茶歇。室外餐饮活动要格外考虑天气、场地特点、食物准备等因素，操作程序较为复杂，往往需要准备后备计划
会场外餐饮	会议主办方也可以选择会议举办地之外的地点开展餐饮活动，如地方特色餐厅、娱乐休闲场所，甚至是博物馆等公共服务场所。有些地点可能没有餐饮服务设施，需要借助专业的餐饮服务机构。这类餐饮活动费用高，较费时间和精力，但策划运作成功的话，效果很好

3）拟订菜单。菜单的拟订需要考虑到以下因素：餐饮预算、会议类型和会议目标、餐饮服务方式（自助或餐桌服务）、与会者背景、就餐时间长短、娱乐节目安排、餐厅规模、就餐人数、当地特色菜肴等。

4）签订合同。将可以完全确定的餐饮服务项目写入合同，而打算在会议期间临时安排的餐饮活动尽量不要写入。通常，合同签订后，若有改动要及时告知，否则餐饮服务来不及准备；将餐饮活动的时间略作调整是可行的，但如果完全取消合同中预定的某项活动则有财务风险。

5）费用确定。自助式餐饮活动通常按人数计算费用，采用收取餐券的方式来管理和控制，如早餐、自助式午餐等；餐桌服务式餐饮活动则往往按桌计算，如晚宴。茶歇费用一般也按人数计算，但不需使用餐券。会议地点或餐饮服务机构通常会集中计算、确定主办方所需餐饮服务的费用。

（3）交通服务

会议交通服务主要是指在会议目的地提供的地面交通服务，以及为与会者提供的各种旅游或社交活动的交通服务。交通服务是会议配套服务中必不可少的环节，主要包括以下工作内容：

1）确定交通服务需求。与会议相关的交通服务需求见表 5—6。

表 5—6　与会议相关的交通服务需求

类型	含义	内容
会议前交通	主要是从与会者所在地到会议目的地的交通	包括航空、铁路、公路、客轮交通，以及目的地车站、机场、码头至会议举办地及住宿地的交通
会议期间交通	主要是会议目的地的交通	包括住宿地至会议举办地的交通、会议举办地到特定餐饮地点的交通、商务考察交通、社交活动交通、旅游活动交通
欢送交通及返程交通	主要是从会议目的地到旅游地及与会者前往地/所在地的交通	包括航班、铁路、公路、客轮交通，以及住宿地至机场、车站、码头的交通

除从与会者所在地到会议目的地的交通外，其他交通需求都可能属于会议主办方的工作范畴，会议主办方应针对不同的交通需求，合理规划交通服务内容和方式。

2）选择交通服务商。为获得科学、完善的服务和减少交通服务费用，会议主办方可以选择航空公司、地面交通服务公司作为合作伙伴，结成战略联盟，形成双赢局面。

在与客运商进行合作协商时，会议主办方要注意强调对方通过合作可能得到的收益，如帮助交通服务商提高淡季收入，开展企业公关，展示企业形象，获得潜在客户等，以争取最优惠的合作条件。

选定交通服务商之后，会议主办方通常只需提出交通服务要求，而由服务商具体安排交通工具、服务时间、交通工具数量、交通线路等。因此，主办方要提前告知交通服务商相对准确的与会者抵离时间、人数、身份及车辆使用标准，以及会议日程和相应的交通要求。在与事先告知情形不符时，也应及时与服务商沟通，提出希望采取的弥补措施及愿意为此承担的费用。

3）安排交通服务内容。具体安排交通服务内容、方式和时间时，要以会议活动的日程安排为主要依据，也要考虑需求人数、路程时间等因素，还要能够在有临时需求或需求变化的时候及时作出调整。

如果会议不是安排在与会者住宿的饭店内举行，而且距离相对较远，会议主办方则需要安排班车往返于饭店和会议举办地点之间，接送与会代表；同时，也要向与会者公布或分发“会议班车时刻表”，注明班车的时间、上下地点和对应的会议主题。

对于参观、旅游或社交活动的交通安排，最重要的是和注册处以及会议秘书处保持紧密的联系，随时获取与会者活动行程、活动人数的变动情况，以便随时调整交通服务方式，调度交通工具。

（4）其他服务

1）社交与旅游服务。会议主办方在会议期间可以安排各种社交和旅游活动，为与会者创造更多的沟通和休闲机会。这类活动种类繁多，如商务考察、当地与附近景点参观、戏剧观赏、体育活动等，其安排最能体现会议特点和主办方的创造力，可以成为与会者无法忘怀的经历。社交与旅游服务的策划和实施应该与会议主题相符，满足与会者的偏好，突出会议地点的特色，充分利用本地区以及所有可能调动的资源。

2）视听设备服务。一般来说，会议举办地点都会提供会议所需的视听设备，但也有一些会议地点没有配备或没有足量配备这类设施，或者会议本身对这类设施有特殊要求，这就需要借助专业的会议设备租赁公司来提供相应服务。服务的内容主要包括音响系统、灯光系统、多媒体会议视听系统、会议远程视频系统、投影机、LED大屏幕、液晶电视机等设备的设计、安装和调试。

3）秘书服务。秘书服务指会议主办方为与会者和记者提供与会议有关的咨询服务、财务报销，负责会议期间文件材料的制作和发放，如提供年会文件、演讲稿、新闻稿等；也包括临时文秘、采购、导游、翻译等服务。这类服务可以由主办方自行安排，也可以委托相关代理公司进行操作。

4）翻译服务。对于国际会议，优质的翻译服务至关重要，直接影响与会者的参会效果和会议评价。通常，会议主办方可以选择熟悉的翻译人员提供服务，也可以通过专业翻译公司来获得这项服务。一般来说，应与翻译人员提前沟通会议议题以及相关内容，也应当告知发言者的语速等发言习惯，有条件的话，还可以提供以往会议的影像资料。如果会议内容有保密要求，还应该以书面形式约定保密期。在此期间，会议方有权要求翻译保密，并有权要求翻译赔偿由于泄密而带来的损失。

5）新闻发布服务。通常，大型会议会采用新闻发布的形式来推广会议主办方及会议项目，形成良好的公关效果。其形式主要包括记者招待会、新闻发布会、酒会等。一般来说，酒会的氛围较为自由、随意和轻松，它可以单独召开，也可以附属于其他活动，比如，有的在招待会后举行酒会或茶会。新闻发布会往往由会议公关负责人向媒体介绍会议的主题、性质、意义、参会嘉宾、举办的时间和地点等内容，方便媒体对会议进行报道。记者招待会则专题性强，一般有高层次官员出席，以“答记者问”为主要形式。

新闻发布会的筹办应注意以下内容：发布会的时间地点和形式、出席的贵宾、媒体及相关人员、发布会的主持人、发布会的具体内容和程序、发布会后的跟踪分析与后续报道等。

第 3 节　会展现场服务与管理基础

1. 展览现场服务与管理概述

（1）参展商现场服务与管理的主要内容

参展商现场服务与管理包含两种含义：一是为参展商提供服务并进行管理；二是参展商自己对展台工作进行管理和为观众提供服务。在本书中，主要针对前者展开介绍，即从展览组织者和展览场馆的角度出发，如何进行参展商现场服务与管理。

1）展览现场管理机构及职能。展览会现场的常见服务与管理机构见表 5—7，这些机构可以服务、组织、协调参展商，也可以在需要时为展览观众提供相应服务。展览组织方与场馆方可以选择设立其中几个或全部机构，也可以根据需要增设其他机构。

表 5—7　展览会现场的常见服务与管理机构

名称	职　能
展览办公室	全面负责展览会现场相关事宜，包括展品运输和通关、展台搭建与施工、现场服务、协调各展区管理工作等
客户服务中心	负责展位搭改建、展品装卸、现场广告、物品租赁、水电、商务服务、宽带上网、翻译和礼仪等
证件服务中心	负责运输人员、施工人员、参展商、专业观众以及机构工作人员的证件事宜
保卫办公室	负责制定现场安全保卫方案，维护现场秩序，开展防火、防盗等安全保卫工作，处理各类治安和突发事件
接待办公室	负责接待有关领导及各团组参观大会事项，负责国内外客商参会预登记及现场报到等工作，负责展览期间嘉宾及代表团的食宿安排和接送等工作
新闻中心	负责展会新闻发布和新闻媒体的接待等工作
公众服务办公室	负责展会现场餐饮供应，负责办公物资（家具、用品）的供应，以及现场邮政、银行、通信设施等的落实

2）参展商现场服务与管理的主要内容。按照展览项目的一般流程，其服务与管理的现场实施可以分为 3 个基本阶段：布展阶段、展出阶段和撤展阶段。也就是说，“现场”是一个宽泛和连贯的时间概念，相应地，“现场服务与管理”则是一个涉及领域广、纷繁复杂的系统任务，其内容往往体现在“参展商指南”“展览手册”等相关文件中，主要包括以下方面：

①登记与报到。包括登记和胸卡制作服务、报到及会刊等资料领取服务。

②搭建与布展、撤展。包括标准展位的布展管理，光地特装展位的搭建与布展管理，现场管理规定的制定与实施监督（如空箱管理、音量与演出管理、用餐及花草管理等），主搭建单位及电源、水源、气源、家具、电器租赁服务，撤展管理，展品、宣传品管理，清洁卫生管理，消防安全管理，其他方面管理（如地面负重、天花吊挂点、锁柜等细节项目的管理）。

③物流运输管理。包括车辆管理、物流运输服务（如运输单位推荐、展品到达展览所在地口岸后的运输和进馆现场服务等）。

④宾馆接待与展馆交通指南服务。包括宾馆推荐与接待服务、展馆交通指南（如公共交通、班车服务等）。

⑤展览宣传及广告服务。包括会刊广告，现场广告，展览手提袋广告，网站信息服务，新品申报与评审，讲座、研讨会、发布会申报与组织。

⑥展览管理服务人员职能及通信方式的提供。

（2）观众现场服务与管理的主要内容

现代展览会发展的趋势之一是越来越重视招揽与服务展览观众，尤其是专业观众。因此，在展览现场，如何为观众提供高效优质的服务和进行有序管理，充分获得与利用观众信息也显得尤为重要。

与参展商服务管理相同，观众现场服务与管理的工作也涉及展览前、中、后 3 个阶段，这 3 个阶段的工作构成了完整连贯的服务管理系统，其主要内容见表 5—8。

表 5—8　　观众现场服务与管理

<table>
<tr><th>阶段</th><th colspan="2">工 作 内 容</th></tr>
<tr><td rowspan="7">展览前</td><td colspan="2">结合展览的实际情况，设计最合理有效的展览观众调查问卷，从而获得更有价值的参考信息</td></tr>
<tr><td colspan="2">针对预注册观众调查问卷进行统计分析，使主办方得到准确的观众反馈</td></tr>
<tr><td colspan="2">对确定的调查问卷进行排版制作及印刷</td></tr>
<tr><td colspan="2">观众胸卡及挂绳的设计和（广告）印刷</td></tr>
<tr><td colspan="2">注册登记台所需表格和设备的准备，注册流程的标识</td></tr>
<tr><td colspan="2">提前对现场服务人员进行专业培训和有效管理</td></tr>
<tr><td colspan="2">为展览配置统一着装、举止用语规范的服务人员</td></tr>
<tr><td rowspan="6">展览中</td><td rowspan="3">现场观众注册登记及观众信息的采集、录入、处理</td><td>设置足够的登记台和填表台，注册和登记处应有显著标志，便于观众及时找到并办理现场注册手续</td></tr>
<tr><td>现场根据观众填写的个人基本信息制作带有识别观众身份条码的观众胸卡</td></tr>
<tr><td>观众登记信息的及时收集、汇总</td></tr>
<tr><td rowspan="2">展览出入口的门禁管理</td><td>在展览出入口配置手持无线数据采集器，通过现场扫描观众卡的条形码，识别观众信息</td></tr>
<tr><td>对当日每个时段的流量作统计，对每个出入口的观众到达情况作全面监控，有助于展览观众流量和相关数据的准确分析</td></tr>
<tr><td>展览指示标识管理</td><td>在展厅出入口处及展厅内部设置清晰的标识物，帮助观众了解展览布局，找准方向</td></tr>
<tr><td rowspan="5">展览后</td><td colspan="2">处理展览现场采集的观众信息数据</td></tr>
<tr><td>调查问卷内容的录入和分析</td><td>通过与观众信息的结合，对调查问卷的内容进行图表统计及意见提取，可以了解观众的需要，对此次展览会的效果作出更准确的判断，同时也利于下一届展览的准确定位和有效宣传</td></tr>
<tr><td>展览信息数据的统计分析报告</td><td>通过数据库存分析，为展览组织者提供观众基本信息、需求信息、行为信息等分析报告</td></tr>
<tr><td rowspan="2">展后信息管理与回访</td><td>向展览组织者提供完整的买家信息数据库</td></tr>
<tr><td>对专业观众回访，方式包括信函邮寄、E-mail、传真等，内容包括展后满意度调查、下届参观意向等；同时，借助展后回访，可以对观众登记的各种联系方式加以确认，进一步提高所收集信息的质量</td></tr>
</table>

2. 会议现场服务与管理概述

（1）会场布局的主要类型

会场的布局关系到会议的成败。会议人数，会议类型，会场的空间大小、形状，会议视听设备要求等因素都能够影响会场的布局形式，其中，会议人数和类型是最重要的影响因素。会场布局的主要类型见表 5—9。

表 5—9　　　　会场布局的主要类型

会场布局类型	布局特点	优点	缺点	适合会议类型
剧院型 	会议用椅面向主席台或演讲者摆放成剧院形式，无会议桌	能容纳大型团体会议，充分利用会议室空间	不便于现场记笔记，不利于会议中的沟通或讨论，会议室后部可视性较差	全体大会，不太需要记笔记的讲座或培训型的会议，开（闭）幕式
教室型 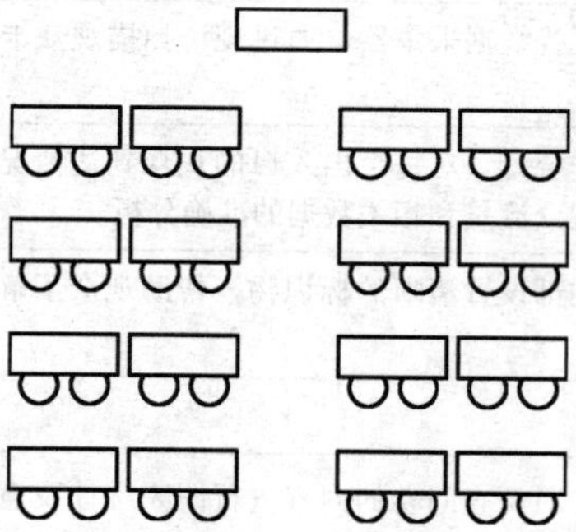	会议用椅及会议桌面向主席台或演讲者摆放成教室形式	人均空间较大，有利于记笔记，容纳人数可以较多	会议室后部可视性较差，不利于沟通和讨论	需要记笔记的讲座和培训型会议，全体大会
宴会型 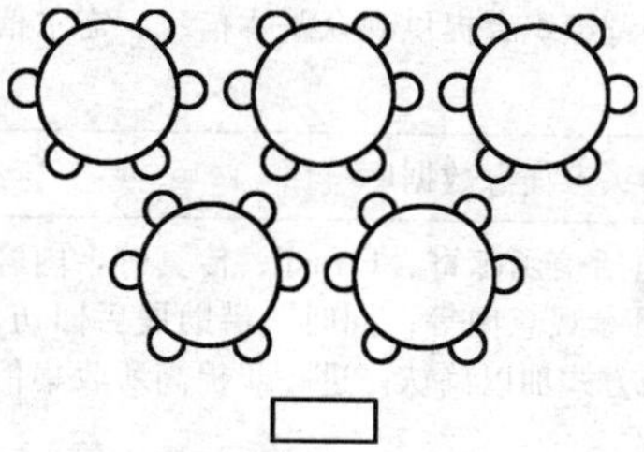	与会者围绕圆形会议桌而坐	分组讨论时，与会者不用换房间；可以舒适地随时取用食物和饮料，方便会后在同一空间进行餐饮活动	人均占用面积大，视听设备使用困难，讨论小组间有干扰	不担心彼此干扰的研讨会，会后需要直接在同空间内就餐的会议

续表

会场布局类型	布局特点	优点	缺点	适合会议类型
U 形 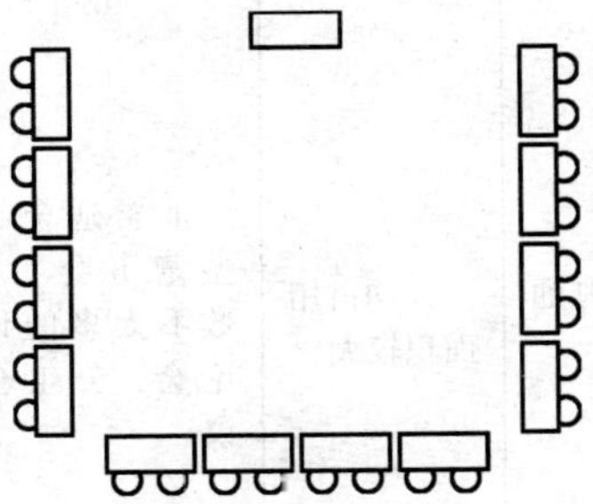	会议桌椅摆放成 U 形，椅子在最外围，一端空出，空出的一端通常为演讲者所在位置	鼓励沟通与互动	人均占用面积较大，难以使用视听设备	人数不太多的讨论会，公司会议，管理层会议，有现场演练或角色扮演要求的会议
中空方型 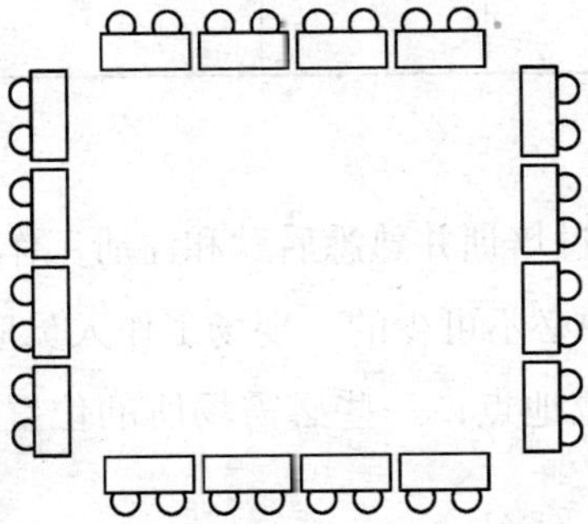	会议桌椅围合出方形空间，也可变化为中空圆形、菱形、六边形等布局。若与会者较多，还可以考虑安置第二排阶梯桌椅，形成双层布局	鼓励沟通与互动	人均占用面积较大，难以使用视听设备，不太适合需要现场演练或角色扮演的会议，因为演练者很难进入中间空地	人数不太多的讨论会、分组会议，公司会议，管理层会议
T 型 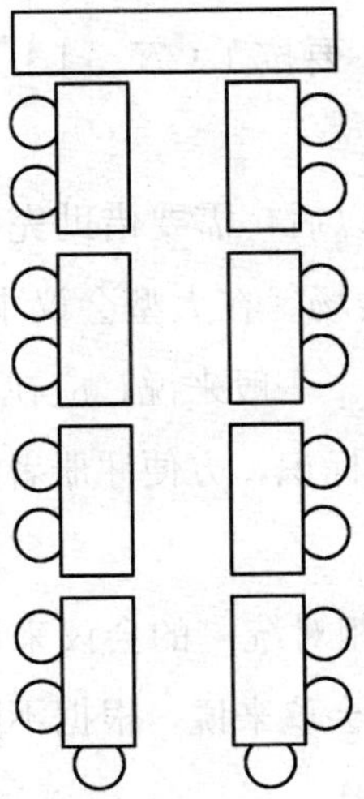	将会议桌椅摆放成 T 形，演讲者位于 T 字的顶部	鼓励沟通与互动	人均占用面积较大，难以使用视听设备	人数不太多的讨论会、分组会议，公司会议，管理层会议，有现场演练或角色扮演要求的会议

续表

会场布局类型	布局特点	优点	缺点	适合会议类型
董事会型 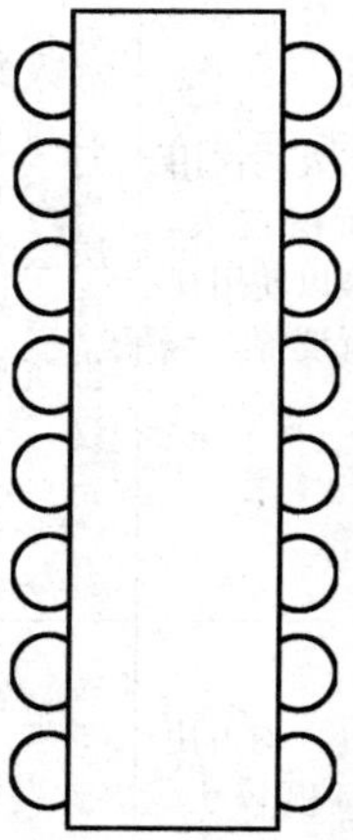	以一张长会议桌（也可为标准会议用桌拼接而成）为中心，四周摆放椅子	鼓励沟通与互动	人均占用面积较大	非常适合小型董事会，人数不太多的讨论会、分组会议

（2）会议注册的主要内容

1）注册处人员安排。注册处的工作人员应该经过培训并熟悉后勤和注册工作，书面的工作指南和行为规范是人员安排和管理过程中必不可少的。现场工作人员应该熟悉以下情况：会议的日程表；各种功能区的方位地点；一些必需场所的位置，如电话间、洗手间等。

此外，在为注册处配备工作人员时，还要考虑到注册人流的时间分布特征，如什么时间是注册高峰期，高峰期之前、期间和之后各需要多少工作人员，与会者是否成批到达，与会者是否会集中报到等。在注册高峰期，要按 1∶75～1∶100 的比例配备工作人员。

2）会场导引标识设置。与会者等人员进入会议场所以后，需要借助完善的会场导引标识系统才能迅速找到注册台，找到需要前往的会场。在大型会议中心内，通常都会有若干会议同时举行，这一工作就显得尤为重要。一般来说，应在会议中心或酒店的门口、电梯口、通道转弯处等设置清晰的指示标识，方便注册者循标识找到注册地点和相应会场。

3）注册地点分区注册。对于小型会议、与会者来源相对统一的会议来说，往往只需要一个会议注册台即可完成注册工作；但对于大型会议来说，根据不同标准在会议地点划分不同注册区，更有利于进行高效的注册工作。

通常，注册分区的方法有以下几种：

——按照注册人员的来源分区，可分为与会者区、陪同人员区、媒体区、合作单位区等。

——按照注册时间分区，可分为提前注册区、现场注册区。

——按照注册的活动类型，可分为会议注册区、旅游及娱乐活动注册区等。

——按照与会者姓名首字母分区，如“A—F”区、“G—L”区等。

第 4 节　会展信息化管理基础

1. 会展信息化管理的含义

会展信息化管理就是为满足会展企业和会展项目运营需要而进行的会展相关信息的集成、会展活动过程的电子化网络化管理等工作的总称。在信息经济时代，会展信息化管理涉及的领域日趋广泛和深入，已成为会展项目运营的重要组成部分和工作手段。

目前，会展信息化管理主要是利用会展信息管理软件、网络平台、先进的电子科技设备、通信设施等手段，在以下几个方面实现会展项目或会展企业的科技化、信息化、网络化运营与管理。

（1）会展活动组织管理信息化

会展组织者可以充分利用会展管理软件，应用数字技术与网络平台，处理会展活动过程中涉及的信息，提高工作效率和效果，减少管理过程中的工作量和工作误差。

（2）会展企业经营服务信息化

会展企业作为服务企业，客户关系的建立与维护，客户服务的水平、质量与效率至关重要，因此，越来越多的会展企业建立企业信息化管理系统，全面实现企业各种管理和服务流程的信息化与标准化。

（3）会展活动虚拟化

会展业作为一个信息、交流相对集中的新兴行业，面临着重大的变革和挑战。因特网在给世界经济带来巨大变革和冲击的同时，也使会展业在很大程度上与电子商务、网络经济全面互动发展。在借助因特网开展低成本市场调查、网上招展等工作的基础上，很多会展企业、会展项目组织者、电子商务企业纷纷举办网络会展活动，借助虚拟的会展平台提供全天候的会展服务。

2. 会展信息化管理的主要应用领域

（1）会展营销推广

会展组织者可以充分采用电子邮件、会展网站、搜索引擎等信息化方式开展营销工作，并利用会展信息管理软件高效完成营销过程中的批处理业务。

1）电子邮件。电子邮件是会展营销人员最常用的工具之一，具体来说，有以下应用方式：

①群发邮件方式

a. VIRAL 营销。即将邮件群发给数据库中所有的客户和潜在客户，并说明希望他们将该邮件转发给所有可能对此次会展活动感兴趣的朋友和同事。

b. 租用电子邮件地址数据库。会展组织者要想在尽可能短的时间内通知尽可能多的人，可以从出租经纪人或直接从拥有数据库的公司租用电子邮件数据库地址，然后按数据库名单发送会展活动推广的电子邮件。应该注意的是，购买数据库之前，应了解这些数据是否是最新的或是否符合需要，并查明数据的来源及是否事先经过授权。

c. 电子邮件签名。在群发会展营销邮件时，为了确保工作人员在每一封邮件末尾都添加了会展信息和网站链接，可以使用文本签名文件，该文件能被自动添加到每封电子邮件末尾。所有电子邮件软件程序都能自动完成这个过程。

值得注意的是，不少公司的反垃圾邮件系统会将群发的邮件视为垃圾邮件，因此在群发邮件后的电话跟踪也必不可少。

②自选邮件方式

a. 合作营销邮件。会展组织者可以在与合适的合作单位建立了稳定的合作关系之后，以合作伙伴的名义发送信息给其客户，从而优势互补，共同受益。

b. 自选邮件列表管理服务。自选邮件列表管理服务是指商家付费给列表管理机构，通过它们来找到潜在目标市场；而消费者和一些专业用户则被管理机构邀请登记并在他们所感兴趣的贸易信息类型前面打钩。列表管理机构并不会将客户的电子邮件地址直接发送给商家，而是要求商家将信息提交到列表管理器后进行整理分类，然后再以商家的名义将这些信息传播给他们的客户。

国外像这样的自选邮件列表管理服务已逐步走上轨道，但是服务质量良莠不齐，会展主办者可以根据它们邮件列表的大小、退订及广告方针，以及自身的情况来谨慎选择。国内这样的自选邮件列表管理服务目前还不常见，但类似博大、网易等邮件列表，都可能在不远的将来出现类似的服务。

c. 赞助性新闻通讯。全球有大量的读者订阅了各种各样的电子杂志，并且数目还在不断增长。许多大站点和出版社，如 IndustryStandard、Wired 和 MSNBC 都发行自己的内容摘要和新闻通讯邮件，它们中间的大多数都接受广告赞助，可以在邮件中插入广告商的信息。虽然同有些拥有百万读者的传统媒体比起来，这些电子邮件列表的发行量还比较小，但是，通过在这类新闻通讯邮件上发布广告，会展主办方可以更容易地找到目标客户和合作伙伴。

d. 接受广告赞助的讨论组。利用搜索引擎输入"Discussion List（讨论组）"来查询，能够轻而易举地找到成千上万个热门话题的讨论组，而且很多都有相当旺的人气。最近10年内，电子邮件已经成为进行虚拟社区讨论的一个通用平台，仅"Liszt"分类目录站点就收录并分类了9万多个电子邮件讨论组，包括丰富多彩的主题。讨论组中的每个成员都能收到相关信息的一份拷贝。有些讨论组甚至有上千的成员，每天都能新增10条信息。

尽管很多这样的讨论组并不以广告赞助为初衷，不过许多商务交流指导社区和消费者社区都逐渐开始接受广告。其中比较典型的是，以一个星期为周期，在每封邮件的顶端或底部加上一个简单的赞助者商业信息。这对会展组织者来说，也是一个准确找到目标市场、有效发布营销信息的渠道。

2）会展网站。会展网站是普遍使用的会展网络营销方式。大型会展活动，特别是展览活动，都应该设立自己的网站，发布会展信息，为参与者搭建沟通平台，开展会展后续服务工作。

会展网站还可以承担数据库管理和大量的管理组织工作，包括网上报名、网上预订展位、网上付费等，也可以利用通信平台将会展信息发送到客户的手机上。越来越多的展览网站能为参展商和买家提供信息交换平台，创造更多相互合作的机会，也能在展览结束后提供交易支持和后续服务。

网络广告是常见的宣传方式，在网站上可以运用文字、图形、声音、视频等多媒体手段对会展活动进行生动直观的宣传。有条件的网络还可以进行会展活动的网上现场直播。

网站互惠链接也有助于提高会展的知名度，会展组织者与相关业务单位互相在对方的网站上设立网站链接，可以成倍地提高双方的网络受众数量。

3）搜索引擎。很多企业通过搜索引擎来寻找合作伙伴和商机，搜索引擎排名已经成为企业开展产品营销的首选方案之一和企业品牌营销的组成部分。同样，会展组织者想要塑造一个有影响力的会展品牌，吸引更多新客户，在几大搜索引擎（Google、百度、雅虎等）中的排名是不可忽视的一个方面。

4）博客（Blog）。“博客”（Blog）一词源于“网络日志（Web Log）”的缩写，是一种十分简易的个人信息发布方式。博客营销主要分为两类：一是厂商在博客网站上直接投放广告，另一类是厂商自己设立博客网站。随着网络经济的发展，越来越多的企业开始关注和利用这种营销方式。尽管在会展领域应用还比较少见，但博客营销因其费用低廉、界面个性化、交流更为开放互动的特点，可以作为一种有潜力的营销方式来吸引特定的目标群体。

（2）会展现场管理与服务

会展现场管理与服务的信息化主要依靠各种会展管理软件来实现。目前，国外对会展软件的开发已比较成熟，如澳大利亚 InfoSalons 公司的相关软件，我国的一些软件开发公司，如上海优品计算机科技有限公司、昆仑亿发科技发展有限公司、西安远华软件有限公司也研发出相关软件。在这类软件中，会展现场，特别是展览现场的信息化管理与服务是非常重要的组成部分。

1）展览现场信息化管理与服务。通常，展览现场信息化管理与服务都紧密围绕展览现场的业务流程展开，是包括了展前准备、展中管理、展后服务的全程解决方案，主要涉及以下几部分工作内容：

①展位预订与展位管理。参展商通过展览网站了解展览城市特点、场馆周边环境、展馆布局，并通过网络预订展位；信息管理系统根据展会的布局要求和参展商的参展要求，自动分配参展商参展区域；组织者根据参展商的情况，决定各参展商的展位分布；参展商在了解展位位置、周边展位情况后，可以事先考虑参展时的布展以及宣传对策。

②展前预制与批处理服务。对于预登记的参展商和观众，管理系统提供批量制卡服务，可制作个性化或通用证卡，在展会举办前将其寄送到参展商和观众手中或在现场直接领取；帮助组织者在展前批量制作与展览参与者的联系工具，如标签、信封、批量发送邮件、短信息、传真等，帮助组织者提高繁琐事务的处理效率和正确率。

③交通线路导览。以电子地图的方式建立与各参展商及观众的联系，所有展览参与者均可通过设在展览场馆或市内公共场所的联网电脑和智能化电子地图，迅速获得从当前所在地到展览中心、展览安排的其他活动场所、举办地主要公共场所和旅游点的最佳线路或公交车搭乘方案，从而提高时间利用的效率。

④现场参观导览。帮助观众等人员通过现场导览系统预览展览情况。系统可以根据参观者的兴趣自动提供合适展位，使参观者可以事先预览该展位参展商的各项信息，最后确定拟现场参观的展位；系统也可以通过现场触摸屏帮助参观者确定方

向，提供最佳的参观路径指引。

⑤参展商管理与服务。展览组织者可以利用现场管理服务系统收集和分析参展商资料，为参展商提供高效服务，主要包括参展商登记报到、参展商证卡制作、资料管理、欠费管理、参展商申请服务管理、展台管理、参展商调查统计等功能。

⑥观众管理与服务。会展组织者可以使用展览现场管理服务系统收集和分析观众资料，为参展商提供观众数据库和与观众沟通的机会，同时为观众参观提供服务和支持，主要的功能由观众注册登记、观众信息收集、制作观众证卡、门禁管理、调查统计分析等组成。

⑦展览设施设备管理。展览组织者对展馆设施设备预约、出库出租、收回提醒、收回入库、租赁用户信息进行信息化管理，能及时掌握展馆设施的预约、出租、收回、租赁用户情况，统计分析展览过程相关设施的出租率/利用率等数据，对展馆设施进行统筹安排，科学利用。

⑧网络服务中心。展览组织者可以在网络平台上建立客户服务中心，为展览参与者提供各种服务，具体操作过程如下：

提交服务请求——参展商、观众等在展览网站输入账号、密码或个人资料，填写服务申请表单，再将表单提交给展览组委会网络服务中心。

审核服务请求——网络服务中心对提交的表单进行审核，为符合条件的申请者提供相应服务。

整理服务信息——将审核通过的服务表单资料保存到相关的数据库中并作出相关分析。

⑨后续服务管理。在展览会结束之后，展览组织者可根据已有的数据资料，利用信息管理系统，向参展商、观众提供展览数据分析报告以及后续服务支持。

2）会议现场信息化管理与服务。会议组织者可以利用会议整体管理信息系统完成会议现场的各种管理与服务工作，也可以利用专项会议管理软件完成具体的工作任务，如会议签到、会场布局等。

①会议整体管理信息系统。会议整体管理信息系统是以会议的管理规则和流程为主要依据，为会议前期的策划准备管理、会议中期的会务管理、会议后期的评估总结管理提供服务，一般包含的主要功能有：会议项目管理、会议策划管理、会务管理、通信联络、会议代表报到管理、陪同人员管理、工作进度管理、内部 BBS 管理、报表生成、多级查询统计、论文评审管理、预决算管理、会后总结管理、会场布局管理、会议配套服务管理等。

②专项会议工作管理系统

a. 会议签到系统。会议签到系统主要管理与会者注册报到和信息统计的工作，一般包括以下两个子功能系统：

前台系统——根据后台管理子系统的签到流程决定签到子系统的开启，显示签到人员信息。当网络状况不佳时，可以离线独立运行。

后台系统——管理与会者信息，监测前台状况，汇总前台签到信息，控制签到进程，查询、打印会议签到情况。

b. 会场布局管理系统。会场布局管理系统能够帮助会议组织者科学规划会场空间，合理安排座次。

会场布局的管理既要确保适应性，允许会展组织者按照实际情况定义各种各样的会场；又要兼顾准确性，对会场布局的描述要非常逼真和直观；同时还要具有灵活性，座位的布局编号规则要灵活多样；最后还要保证易用性，操作必须简单。

（3）客户关系管理（CRM）

随着营销实践和营销理论的发展，以产品为导向的营销哲学将逐步转向以客户为中心，全方位满足客户需求，不断创造更新、更好的服务。企业也逐渐转变经营理念，从只关注争取新客户发展到巩固现有客户，保持和完善客户关系。同样地，会展企业为塑造品牌形象，获得持续发展，也必须重视客户关系管理，从以往注重业务量的增长转向注重质的管理，从降低客户服务成本、提高效率转向开拓业务、提高客户忠诚度。

会展客户管理信息系统能帮助会展企业最大限度地利用以客户为中心的资源，并将这些资源集中应用于现有客户和潜在客户身上。其目标是通过缩短销售周期和降低销售成本，通过寻求扩展业务所需的新市场和新渠道，并通过改进客户价值、客户满意度、盈利能力以及客户的忠诚度等方面来改善企业的管理，提高竞争优势，实现会展营销自动化、客户服务自动化。

会展客户关系管理的流程是：收集客户信息—制定客户方案—实现客户互动—分析客户反应，从而进入新一轮循环，实现将客户信息转化为客户关系的循环过程。

一般来说，会展客户关系管理信息系统的主要功能包括：

1）客户数据库管理。客户数据库的建立是对客户进行管理的前提和基础，会展企业可以利用相关工具软件自动导入原有客户数据，建立、维护、自动备份和刻录企业客户数据库。

2）客户通信管理。客户通信管理中的通信功能主要有手机短信群发、电子邮件群发、在线客户互动等。借助这一功能，会展企业除可在日常方便地联络客户外，也可在节假日、纪念日自动定制各种信息，为客户提供个性化服务。

3）重点客户分类管理。会展企业可以根据客户级别自由地进行客户分类管理，可将重点客户、普通客户分级管理，对重点客户可以采用会员制等手段进行跟踪交流。

4）客户财务管理。在客户管理系统当中及时反映客户的财务状况，便于会展企业各级管理人员进行决策分析和业务考核，同时客户也可以通过网上支付、汇款等多种手段实现客户费用的自动管理。

5）客户个性化服务管理。针对不同的客户需求，根据客户等级的不同分层次、分类别地提供相关服务，如客户对某项服务的预约、提醒功能，特定目的的查询统计，在线订阅等。

6）客户在线互动服务。为会展企业的客户搭建在线互动服务平台，并将此功能集成到企业网站，提供全天候的服务接入口，让客户或潜在客户在登录网站时自助递交商务需求；同时，还可以将此功能集成到企业内部管理平台，处理来自企业数据库的客户需求，从而使得客户的需求及时得到满足，提升客户满意度和忠诚度。

7）客户分析管理。利用会展客户关系管理信息系统对企业的客户数量、客户财务管理情况、客户进展状态、历史客户状况等信息进行查询、统计和分析，并利用统计分析的结果对客户进行跟踪服务与管理。

（4）虚拟展览

虚拟展览也称为网上展览，是利用图、文、声、像等丰富的多媒体表现方式全面展现展览项目内容、展览要求、参展方式及其他相关信息的网络展览方式。虚拟展览是现实展览的再现，更是现实展览的延伸，在有限的空间表现无限的内容，真正实现了不受内容、形式、规模、距离和参展人员限制的“永不落幕”的展览会，体现了计算机虚拟现实技术与现代信息网络技术对会展业，对产品交易、技术成果交易的促进作用。参观虚拟展览就像走进一座现实的会展中心，参观者既可以到各个专业展馆的各个展厅随意漫游，也可以由向导带领按特定路线浏览，甚至可以根据参观者的专业兴趣自组个性化的智能展馆。此外，虚拟展览系统还能提供资料打印、提交电子名片、电子邮件收发等功能，为供需双方的沟通提供多种交互手段。完善的虚拟展览系统更能够帮助参展商与客商进行交易配对，提供交易支持与服务。

1）虚拟展览的操作流程（见图 5—2）

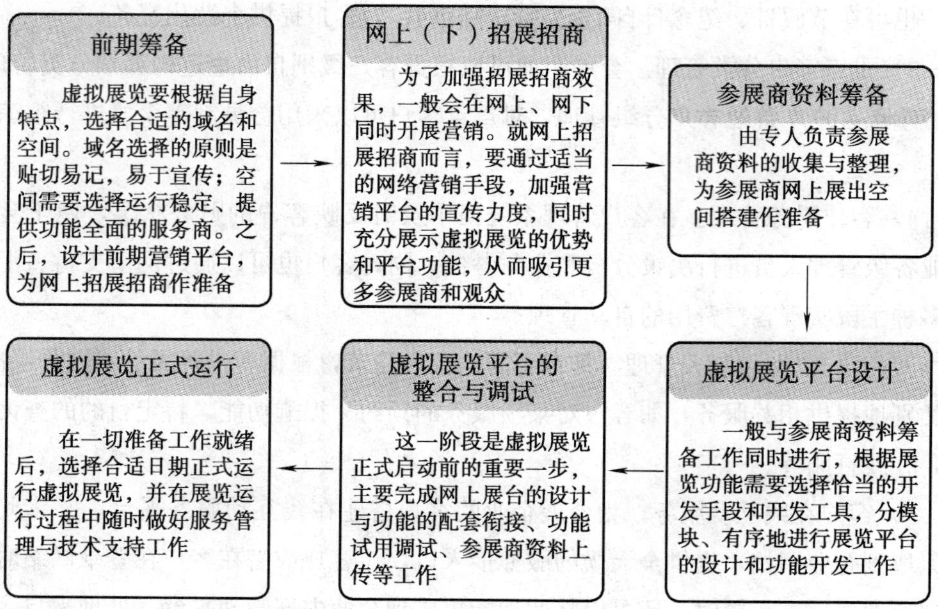

图 5—2　虚拟展览的操作流程

2）虚拟展览系统的主要功能模块

①以虚拟现实技术进行展示。虚拟展览系统利用三维仿真的技术，用通用或定制的展区、展厅、展台，对参展产品、服务以及项目进行展示。除图片、文字等传统的展示形式外，还可以使用视频、声音、360°全景图、三维产品模拟操作等新型展示手段，使参观者从各个角度观看展品的外观，试用展品，全面了解其功能和使用效果。

②信息发布。虚拟展览的参展商可以发布企业信息，建立展品陈列柜台，通过多种网络技术手段对展品进行在线宣传。而且，参展商通过身份验证后，还可以通过操作简单的界面自行管理企业信息及展品信息，方便快捷。

同时，虚拟展览在系统中提供大量广告位，为参展商提供广告宣传的窗口，加大展品宣传力度，吸引更多浏览者和目标客户。

此外，系统还提供专门发布供求信息的平台，为广大参展商和观众拓宽信息传播渠道，进一步增强虚拟展览的功能和效果。

③智能检索。虚拟展览系统可根据不同用户的经营范围和参展（参观）兴趣，应用智能技术自动为用户提供感兴趣的参展项目，也可以帮助客户通过键入关键词的方式直接查找目标项目。

④自主参观。在虚拟展览中，参观者既可以操纵虚拟漫游的导航条在展厅内自由漫步及进入任意展馆自由参观浏览；也可以提出参观要求，由系统设计参观路

线，在电脑自动导游的带领下，按选择路线参观目标展馆和展台；还可以根据自身的参观兴趣提出组馆要求，由系统组建个性化展览馆，并帮助观众按参展单位、项目目录、顺序浏览查阅等方式参观自组展馆。

⑤提供多种供需双方交互方式。在虚拟展览系统中，一般会涉及多样化的交互方式，帮助供需双方建立联系，有效沟通，常见的交互方式包括：

电子名片——观众如果对某项展品感兴趣，可留下电子名片，由系统进行分类汇总后及时通知相关参展商。

项目收藏工具——观众如果对某项展品感兴趣，可以将其放入自己的收藏工具内，通过电子邮件把资料发回自己的邮箱。收藏工具一般可以注册，也可以漫游使用。

第5节　会展评估与后续服务基础

1. 会展评估概述

(1) 会展评估的含义

会展评估是会展相关工作告一段落后，对前一阶段的活动进行回顾、分析和评价，并形成相关报告等材料的工作过程。

从广义上来说，会展评估包括了会展管理和协调部门与第三方机构对会展行业与会展项目状况的评估，会展项目组织者自身开展的项目总结和评价，以及会展项目参与者、赞助商等相关方的活动和工作评估。

本书中所谈到的是狭义上的会展评估，即指会展项目结束后，会展组织者对项目运营过程进行回顾、分析和评价，总结经验教训，为会展后续服务提供支持。它是会展项目管理过程中必不可少的环节，往往由会展项目组织者独立或委托专业机构进行。很多情况下，会展组织者所进行的会展项目评估工作也被称为会展总结，或作为会展总结的组成部分和支撑材料。

会展评估是一项管理工作，应该在会展策划时就认真考虑；在会展项目进行过程中随时收集、记录、统计有关资料和情况，由相关负责人根据管理需要制定评估范围、内容和形式；在项目结束后尽快完成评估材料，并提供给所有有关部门和人员。

（2）会展评估的作用

1）有利于会展行业管理或协调机构开展宏观管理工作，形成行业标准。会展行业管理或协调机构可以制定评估标准，对辖区内举办的各种会展活动进行科学评估，创造良好的市场竞争环境，及时鼓励业绩良好的会展企业和具有品牌效应的会展项目并推动其发展；及时发布评估信息，有效引导会展参与者选择优质的会展项目；发现缺乏市场前景和效益、重复举办，甚至无序竞争、骗会骗展的会展项目，及时调控和管理，规范市场秩序。

2）有利于会展组织者提高会展项目管理水平，塑造会展品牌。会展组织者使用科学的评价指标和方法，可以全面评估会展计划的执行情况，对会展项目的整体成效、宣传推广效果、经济和社会效益、成交结果等各个方面展开全面总结和评价；也能够利用评估结果进一步分析当前的会展市场环境和趋势，及时调整项目发展方向和运作方式，为今后项目的市场开发、运营管理提出相应建议，从而塑造并不断完善会展项目及企业品牌。

3）有利于各会展参与者总结参与效果，选择会展项目。会展参与者，特别是参展商、专业观众、与会者和赞助商可以通过评估参会参展的实际效果，为决定是否参加下一届会展以及如何参会参展提供决策依据。

（3）会展评估的实施主体

1）会展行业主管机构。会展行业主管机构包括对会展行业实施行政管理的相关政府部门以及会展行业性组织。目前在我国，这部分机构主要在管辖区域范围内发挥作用。会展行业主管机构可以对一段时期内会展行业整体发展状况实施宏观评估，也可以对具体的会展项目进行微观评估。

2）会展组织者。会展组织者对会展项目进行评估是会展项目管理的重要环节，能够为会展后续服务提供基础材料，也有利于调整项目运营策略，进一步推动项目发展，从而塑造项目和企业的品牌形象。这类评估一般由主办方自愿进行，自行组织。

3）第三方机构。第三方机构是指得到委托或授权对会展项目展开评估的中介机构，如科研机构、评估公司等。第三方机构具有中立、专业的性质，能够提供客观而科学的评估结果。会展行业主管机构、会展主办方都可以委托第三方评估机构来评估会展项目。

4）会展相关者。会展相关者主要指与会者、参展商、观众等会展参与者，赞助商、媒体等相关机构。会展相关者可以从各自的角度出发对参与和涉及的会展项目进行评估，主要是评估会展项目对自身的价值，参与过程、方式与效果。其中，媒体机构往往以第三方机构的立场对会展项目进行评估和评选。

(4) 会展评估的主要内容

就会议和展览活动的组织者而言，会展评估主要包含以下内容：

1) 会议评估的主要内容

①会议主题评估。会议主题是根据会议目标确定并在会议中讨论的主要问题，在主题线索下拟订的具体讨论的问题称作会议议题。会议主题和议题的选择关系到会议的最终结果，其评估涉及的内容包括：会议主题和议题的现实意义、会议主题和议题的联系、会议主题和议题对与会者的吸引程度。

②会议地点评估。会议地点包含两个层次：一是会议举办地区，如举办城市；二是会议场所，如会议中心、酒店、会议室。其评估涉及的主要内容包括：会议举办地区的交通可达性，会议举办地区与会议主办机构、会议主题的要求的适合程度，会议举办城市与会后旅游的关系，会议场所的设施状况，会议场所的接待能力，会议场所的管理能力和服务水平。

③会议营销评估。会议营销是会议顺利进行的基础，也是会议效果的重要评价指标，其评估涉及的主要内容包括：会议营销的整体效果、会议定价的适宜度、会议营销渠道的效果、会议促销手段的有效性。

④会议流程评估。会议流程是会议从策划到结束的全过程，特别是会议现场的活动流程和时间安排，它是会议管理工作最重要的组成部分，其评估涉及的主要内容包括：会议的注册登记工作，会议的议程、程序及其时间安排，会议的现场管理，会议发言人与发言情况。

⑤会议相关服务评估。会议相关服务主要是指住宿、餐饮、旅游等配套服务，其评估涉及的主要内容包括：住宿设施的数量、质量与价格，餐饮服务的质量与价格，社交与旅游活动的参与度与反馈情况，会议期间交通服务的满意度，会场导引与咨询系统的安排，会议视听设施与翻译服务的质量。

⑥会议参与方评估。评估涉及的主要内容包括：与会者的数量、质量、满意度与再次参会意愿，会议贵宾的反馈，赞助商的规模、质量与反馈，媒体的参与度，会议服务供应商的质量。

⑦会议效益评估。会议效益是会议成功与否的直观评价指标，其评估涉及的主要内容包括：会议预算的合适度与执行度、会议的成本收益分析。

2) 展览评估的主要内容

①展览主题和目标评估。展出主题和目标评估能检验展览项目选择的正确程度和预期目标的实现程度，其评估涉及的主要内容包括：展览主题的意义和社会认可

度、展览目标的实现度与合适度、展览形象的认知度与改变度。

②展览地点评估。展览地点包含两个层次，即展览举办城市与展览场馆，其评估涉及的内容主要包括：展览城市与展览主题所在行业的关系，展览城市的硬件与环境，展览城市的展览政策与法规，展览城市与展览场馆的交通可达性，展览场馆的规模、设施与管理服务水平，展区划分、展位设置与分配的合理性。

③展览时间评估。展览时间包含展览本身的举办时间、展览从开始到结束的持续时间，同类型展览之间的时间跨度，其评估涉及的主要内容包括：展览举办时间与展会主题所在行业的生产经营时间的契合度、展览持续时间的适合度、展览与同类展览之间时间跨度的合适性。

④展览规模评估。展览规模包括展览面积和展位数，是体现展览影响力的主要指标，其评估涉及的主要内容包括：展览的净面积和展位数量、特装展位的面积比重、展览净面积与展位数量的历史比较结果。

⑤参展商评估。参展商是体现展览吸引力的关键要素，直接关系到展览活动的影响力和生命力，其评估涉及的主要内容包括：参展商的数量与质量、参展商数量与质量的历史比较结果、参展商的区域分布状况及其历史比较结果、参展商的满意度与下届参展意愿、参展商的意见与建议。

⑥观众评估。展览观众，特别是专业观众是体现展览质量的关键要素，其评估涉及的主要内容包括：观众的数量与质量，观众数量与质量的历史比较结果，观众的区域/行业分布状况及其历史比较结果，观众参观的时间、流量与偏好，专业观众的比重及其历史比较结果，专业观众的满意度与下届参观意愿，专业观众的参展意愿，观众的意见与建议。

⑦展览现场管理与配套服务评估。展览现场管理与配套服务是展览项目管理的重要组成部分，其评估涉及的主要内容包括：展览的登记注册程序，展览开幕式的效果，展位搭建服务与管理，展览交通运输服务与管理，展览配套设施的供应状况，展览现场导引与咨询服务，展览现场的餐饮、安保与保洁服务。

⑧展览营销评估。展览营销主要是指招展和招商工作，是展览能否最终举办的前提条件，其评估涉及的主要内容包括：展览营销的整体效果、展位划分及相应定价的适宜性与接受度、展览营销渠道的有效性、展览促销方法的有效性、展览品牌形象的认可度与改变度。

⑨展览其他参与方评估。涉及的主要内容包括：展览主办、支持机构、贵宾的权威性与影响力，展览赞助商的影响力与满意度，展览服务供应商的质量与价格，媒体的影响力与关注度。

⑩展览效益评估。展览效益主要是指展览的直接经济效益，以及给展览主办城市和主办机构带来的间接经济效益、社会效益与品牌效益，它是展览得以持续发展的基础，其评估涉及的主要内容包括：展览预算的合适度与执行度、展览的成本收益分析、展览的成交情况。

2. 会展后续服务概述

（1）会展后续服务的含义

会展后续服务是会展项目管理的延续部分，是实现会展目标、开展客户关系管理、达到再次营销目的的重要方法。会展项目管理是全过程管理，在成功策划和实施会展活动之后，会展组织者也需要重视后续服务工作，形成项目首尾衔接、良性循环和发展的局面。

会展后续服务应该尽早开始，以展览为例，参展商和观众在展览闭幕后 5 周内对展览情况的记忆由 100％迅速下降为 60％左右，如能在这一期间内开展持续有效的后续服务，则可加深客户印象和巩固客户关系。

（2）会展后续服务的主要内容

会展后续服务往往在会展评估总结工作完毕之后进行，其主要内容包括：提供相关数据资料，推动展后的贸易洽谈，合同签订，巩固、发展客户关系，感谢会展参与者，营销下届会展活动等。

1）总结数据与资料提供。会展组织者可以将会展评估总结获得的数据统计资料，如参展商的区域、行业分布状况，观众的行业构成、需求偏好、背景信息等进行总结分析并形成清晰明了的结论，提供给会展的主要相关者。这些数据资料不仅能证明会展活动的效果与影响力，为会展营销与宣传创造条件；更能帮助会展相关方锁定目标客户群体，了解客户需求，开展进一步的交易与沟通。

2）感谢与再营销。会展组织者应该在会展活动结束后，尽快通过寄送感谢邮件等方式向会展参与者、支持和合作单位表达感谢。对于重要的客户，也可以采用登门致谢、招待会、宴会等形式表达谢意，巩固关系，联络感情，同时把握机会，进行下届会展活动的宣传推广工作。

3）后续沟通与交易支持。会展组织者可以通过意见征询、满意度调查、感谢等方式与会展相关者保持后续沟通，也可以利用已有的数据资料建立沟通与交易支持平台，帮助会展相关机构彼此联络，开展进一步的交易活动。对于商业性的展览会而言，这一点尤为重要。

思考题

1. 会展项目管理的含义和主要内容是什么？
2. 简述展览的主要配套服务内容。
3. 简述会议的主要配套服务内容。
4. 参展商和观众现场管理与服务的要点是什么？
5. 会场布局的主要类型有哪些？
6. 会展信息管理的主要应用领域有哪些？
7. 如何开展会展评估工作？
8. 会展后续服务包含哪些主要内容？

第6章 会展文案写作基础

第1节 会展策划文案

1. 会展策划文案的主要类型

(1) 会展市场调研报告

会展市场调研报告是通过对调研资料的整理和分析，形成一定的结论，以书面的形式将其呈现给决策者以供其参考。因此，会展市场调研报告是会展市场调研结论的体现形式，其撰写的质量直接决定着对市场调研成果的评估，是市场调研工作中十分重要的环节。

会展市场调研报告与其他报告相比，主要存在以下特点：

1) 针对性。市场调研工作需要耗费大量的人力、财力和物力，必须在有限的时间内有针对性地解决会展策划工作所面临的迫切问题。因此，会展市场调研报告也必须根据事先设定的目的和方向，就主要问题阐述相关调研结果，做到中心明确、重点突出。

2) 系统性。会展市场调研牵涉面广，各种需调研的要素共同构成了动态有机的复杂系统。相应地，会展调研报告要使结论具备说服力，也必须以全面、科学的系统结构来组织调研材料，从目的阐述、问题背景分析开始，到调研方法、调研程序的介绍，数据资料的科学分析，再到最终获得结论，阐述过程应该逻辑清晰、有条不紊。

3）真实性。会展调研报告的写作必须真实准确，即使最后获得的结论与预期结果有所差异，也应该真实体现，不能随意更改。缺乏真实性的调研报告会对会展项目决策造成误导，最终导致会展项目无法顺利运营，甚至中途夭折。

（2）会展立项策划书

会展立项策划书是根据会展市场调研结论和各种信息，对即将举办的会展活动相关事宜进行初步规划，设计出会展项目运营管理的基本框架，从而形成的书面材料。一般来说，会展立项策划书是在策划举办一个全新会展项目时需要的文案材料。

（3）会展项目立项可行性研究报告

会展项目立项可行性研究报告是指在会展项目决策前，对与会展主题有关的自然、社会、经济、行业、技术资料进行调查研究，分析并比较可能的备选方案，预测、评价投资收益比，综合论证实施的必要性与可能性，为决策提供依据而形成的书面报告。会展项目立项可行性分析可以看作是会展项目立项策划的继续，是在初步了解会展项目概念框架的基础上，深入分析该会展是否可行，为最后是否举办该项目提供科学的决策依据。

2. 主要会展策划类文案的基本内容

（1）会展市场调研报告

一般来说，会展市场调研报告包括以下基本内容：

1）标题。标题页上通常包含会展项目名称或专项调研主题、报告日期、委托方和调研方。

2）目录。如果会展调研报告内容较多，应该用目录的形式标出所有的内容章节和图表及附录所在的页码，便于使用者查找。

3）导语。导语也可称为引言、前言，其内容主要是对调研的基本情况进行简要说明，如调研目的和依据，调研主题与背景，调研时间与地点，调研对象、内容和范围，调研使用的方法以及主要结论。

4）正文。正文是会展调研报告的主体，它通过对调研获得的信息和数据进行统计分析，得出相关调研结论。这部分内容比较繁杂，可以采用两种分析方法：一是具体调研分析，即对调研的每一部分内容细节进行客观说明与分析；二是综合调研分析，即对调研的结果进行归类，再由分类结果得出分析结论。

此外，会展调研报告中涉及数据分析的部分，通常应该采用图表来表现和说明。图表能非常直观地体现调研结果，其使用原则是简单、直接、清晰、明了。每个图表应该只包含一个信息，图表越复杂，传递信息的效果就越差。

5）结尾。结尾部分主要包含对调研问题的相关结论、调研者对调研问题的看法和建议。结尾部分与正文部分的论述必须紧密呼应，使结论有据可依。另外，结尾部分通常还要标明调研者的名字、职务、单位、完稿时间。

6）附件。附件中通常包括与正文内容相关，又无法在正文中体现的材料，它是对正文的有效补充，可以为报告使用者提供参考。

（2）会展立项策划书

一般来说，会展立项策划书的基本内容如下：

1）会展项目的名称。会展项目的名称通常由以下 3 部分组成：

基本部分——用于说明会展的性质和特征，如博览会、论坛、展览会、洽谈会等。

限定部分——主要用于说明会展举办的时间、地点、规模、届数等，如“2007 上海国际汽车展”中“汽车展”之前的部分说明了该展览的举办时间、地点和规模，属于名称的限定部分。

主题部分——用于具体说明会展项目的题材及其所在行业，如上例中的“汽车”，就非常清楚地表明了该展览的主题行业。

2）会展项目的举办地点。会展项目的举办地点主要包括所在地区和所在场馆两个层次的内容。首先要根据会展的性质、市场定位、会展主题所在产业和行业特点等因素选定会展举办国家和城市，再根据会展项目的规模、预算等要求选定具体场馆。

3）会展项目的时间安排。会展项目的时间安排包括对会展筹备、现场运营、结束后工作的时间安排，要求严格合理，有明确的工作期限。此外，还要注意与竞争性会展活动时间有所差异。

4）会展项目的举办机构。会展的举办机构一般包括主办单位、承办单位、协办或合作单位、支持单位等。

主办单位——指具有国家主管部门批准的有报批会展项目资质的单位，往往拥有对会展项目的所有权。

承办单位——指接受主办单位委托或授权，对会展项目整体进行管理运作的单位。

协办或合作单位——指协助主办或承办单位负责会展项目部分工作的单位，如招展、招商代理单位，宣传推广企业等。

支持单位——一般是对会展起直接或间接支持作用的单位，如媒体机构等。

5）会展项目市场环境分析。包括对会展题材所在产业和市场的情况分析，对国家和地区有关法律、政策的分析，对相关会展活动情况的分析，对会展举办地市场的分析等。在很多情况下，这部分内容中还包括对会展规模、目标的预测分析。

6）会展项目相关运营计划。这部分内容是会展立项策划的核心内容，主要包含：会展财务预算计划，会展的招展、招商和宣传推广计划，会展的进度计划，会展现场管理计划，会展的相关活动计划，会展工作人员管理计划，会展供应商计划，会展后续工作计划。

第 2 节　会展营销文案

1. 会展营销文案的主要类型

（1）会展宣传推广计划

会展宣传推广计划是对会展项目整体进行营销和推广的计划，在大多数情况下，展览组织者也会将招展招商计划纳入这一整体计划，统一实施。从这个角度来看，也可以把会展宣传推广计划称作会展营销计划，它将会展营销目标、营销环境分析、营销战略和战术策划体现在书面材料当中，是会展营销活动的指导和依据，帮助营销人员明确工作任务。

（2）观众邀请函

观众邀请函是展览组织者根据展览实际情况编写的，用来进行展会观众招募的宣传材料。观众邀请函内容简洁集中，往往针对目标观众，特别是专业观众发放。一般只在展览开幕前一个月左右才开始发放邮寄，国外观众则要提前 3 个月到半年寄送。

（3）参展商邀请函

参展商邀请函常常被称为招展书，是向潜在参展商发放的展览宣传资料，目的是说明展览相关情况，吸引参展商参展。招展书或直接寄发或通过宣传媒体公开发布，其内容也可作为其他展会宣传的基础性资料。招展书应该能够解答潜在参展商的各种问题，提供进一步沟通的方法；更应该能够激发参展商的热情，推动其参展。

（4）展会通讯

展会通讯是展览组织者根据展览运营的实际需要编写的，用来向展会的目标客户通报展会有关情况的一种宣传资料，其对象主要是参展商和专业观众。

展会通讯是展览宣传推广的有效方式，可以及时、准确地向展览的目标客户传递展览相关信息，与目标客户保持联络和信息沟通；有利于塑造展览的良好形象，促进展会招展和招商工作。

一般来说，展会通讯中的内容可以包括：展览的基本情况，展览题材所在行业的市场信息和行业动态，展会招展情况和招商情况，展会宣传推广情况，展会期间举办的相关活动情况，参展企业的广告，参展（参观）回执表。

2. 主要会展营销类文案的基本内容

（1）观众邀请函

一般来说，观众邀请函的基本内容如下：

1）展览基本情况。说明展览的名称、地点、时间、举办机构、展览意义与宗旨。

2）展会的规模和特色。介绍历届展览或本届展览预计到会的重要参展商情况，说明展览面积、展位数量、展品情况、展会特色等。

3）配套活动的安排。介绍展览期间所举办的各项配套活动，如论坛、评奖活动等。

4）报名方法和联系方式。说明具体的报名方法和联系方式，一般会附有报名表或报名回执等，方便观众预先登记。

（2）参展商邀请函

参展商邀请函的内容应丰富详尽，主要包括：

1）展览简介。向参展商简要说明展览名称、时间地点、举办机构、意义宗旨、层次水平和发展前景等。

2）展览题材分类及范围。向参展商具体说明展览题材所在行业，以及具体的行业门类内容。

3）展览历史业绩。向参展商介绍以往历届展览的举办情况和成果。

4）展区展位划分与收费标准。向参展商展示展区展位的不同类型及相关收费标准。

5）展览宣传推广和专业观众组织。向参展商介绍展览宣传推广的计划和方法、专业观众招募等招商工作的实施方案和目标。

6）服务项目。向参展商说明展览期间开展的活动和服务项目，特别要说明这些项目是否收取费用。对于收费项目，要明确费用标准。

7）相关事项。告知参展商展览组织者的联系方式、参展报名程序、参展费用的汇款方式和途径等。

8）参展申请表。参展申请表一般要附在参展邀请函当中。如参展商将参展申请表填报给组织者，即表明该参展商已有意向参展，但真正参展一般要以支付展位费为准。

第 3 节　会展运营管理文案

1. 会展运营管理文案的主要类型

（1）会展业务与合同协议

会展业务协议书是会展业务中相关当事人之间为设立、变更、中止民事法律关系而订立的书面契约。从严格意义上讲，会展协议即是会展合同。但实践中，人们习惯于将有名合同（法律上作出明确规定并赋予特定名称的合同）称为“合同”，将无名合同（法律上未作明文规定的合同）称为“协议”。从这一角度理解，协议的适用范围比合同广，协议当事人承担的义务体现为约定义务，合同当事人承担的义务则体现为法定义务。

一般来说，常见的会展业务协议书包括会展合作协议书、会展委托协议书、参展参会协议书、会展供应商承包协议书、会展员工聘用协议书等。常见的会展合同包括会展租赁合同、会展供应商承包合同、会展赞助合同等。

（2）参展说明书

参展说明书常常被称作参展指南、参展商手册，是展览组织者将展览筹备、搭建、现场管理、撤展等参展商应了解和注意的问题汇编成册，帮助参展商顺利参展，遵守相关管理规定的书面资料。

参展说明书对展览场地、展览基本情况、管理规定、展位搭建、展品运输等信息作出详细说明，能有效引导参展商的参展工作。说明书中展示的展馆平面图、馆内服务设施分布图、交通路线、指定接待酒店和展会开放时间等信息，为观众参观创造了便利条件。此外，参展说明书对筹展、布展、展览和撤展期间的各项规定也有利于管理和协调参展商的各项活动，便于开展展览现场管理工作。

(3) 会展会刊

会展会刊是会议或展览期间统一编印的会议展览资料，主要目的是集中会议展览相关者信息，为其创造宣传渠道，扩大会展活动影响。

会议会刊的主要内容是会议议程、主题演讲稿、嘉宾致辞、演讲者名录、赞助企业和产品介绍、会议城市与场馆介绍等。会议会刊除在会上发布外，一般还将赠阅各大学术研究机构、媒体部门，也常常会把其中的主要内容以报告的形式向国家相关主管部门汇报。

展览会刊的主要内容是参展商企业与产品信息、付费的广告信息等，往往印刷精美、图文并茂，能帮助参展商宣传企业产品及形象。展览会刊除在展览期间向展商、观众、媒体发放外，一般还会广泛赠送给展览相关行业的主管部门、协会组织和专业人士。

(4) 会展新闻搞

会展新闻稿是用简洁的文字及时反映会展活动相关事件、成绩、进展的新闻文体。如果会展组织者宣传经费有限，新闻稿是一种有效的选择。会展新闻稿必须选择有报道价值、容易引起受众兴趣的内容，才能顺利被媒体采用报道。

(5) 会展调查表

会展调查表是以问卷形式向与会者、参展商、观众等收集参加会展活动的意见与建议的文书。会展调查表是会展评估总结的资料来源与主要方式。会展组织者可以自行开展调查表设计、调查实施与调查结果统计工作，也可以委托专业机构开展相关工作。

(6) 会展评估报告

会展评估报告是会展评估结果的书面载体，便于交流、发布和保存。会展评估结束后，评估结果都应当形成评估报告，其内容较为详尽，用数据图表说明问题。会展评估报告有两种写法：一种是文章式评估报告，即按文章式报告的结构来撰写，有较多的定性描述和分析；另一种是图表式评估报告，即报告主要以图表形式出现，各项评估结果均以数据表或曲线图来表达。

(7) 会展总结报告

会展总结报告是对会展项目整体工作或某些专题工作的总结材料，与评估报告相比，它较为笼统，只取关键数据来说明问题，也更注重总结经验教训，提出建议。在很多情况下，会展总结报告会成为向相关主管机构递交的汇报材料，或是发布给媒体的会展后新闻稿资料。

(8) 感谢信

感谢信一般是会展组织者向会展参与者、支持与合作单位、赞助商、媒体等发出的信函，用于表达诚挚谢意，维护客户关系，对下届活动进行营销。

2. 主要会展运营管理类文案的基本内容

（1）参展说明书

一般来说，参展说明书的基本内容如下：

1）前言。主要是说明展览说明书编制的原则和目的，提醒参展商在筹展、布展、展览和撤展等环节要自觉遵守说明书的相关规定等。前言一般都言简意赅。

2）展览基本信息。包括展览的名称、举办地点、展览时间、举办机构、展览指定搭建商、指定运输代理、指定旅游代理、指定接待酒店等。

3）展览场地基本情况。包括展馆及展区平面图、展览设施及服务机构位置图、展馆周围交通图、展览场地的基本技术数据、展区划分及展区内展品的门类介绍等。

4）展览费用。包括各类型展位的租赁费用、展览设备设施的租赁费用、展览期间的广告服务费用，其他各类服务项目费用等。

5）展览须知。主要说明展览组织者对参展商在展览各环节工作的管理规定，如展位搭建和拆除的管理规定、展览物品运输搬运的管理规定、展览相关证件使用和管理的规定、展览现场保安和保险的规定、展览现场使用水电气的注意事项、现场展品演示销售的规定、知识产权保护规定等。展览须知包含了所有参展商必须遵守的一些制度，对展览现场的管理和秩序维护十分重要。

6）展览相关服务信息。主要是为参展商提供住宿、餐饮、交通、旅游等服务信息。

7）相关申请表格。包含参展商在筹展和布展过程中需要使用的各种表格，主要包括物品租赁申请表、广告服务申请表、特装展位搭建申请表、额外工作证申请表等。

（2）会展新闻搞

会展新闻稿与一般新闻稿相同，也由标题、导语、主体、背景和结尾5个基本部分组成。

1）标题。分为以下3类：

正题——高度概括会展新闻的内容，以实为主。

引题——为正题交待背景、说明原因、烘托气氛。

副题——标在正题后起补充作用，以实为主。如：

中部投资论坛在长沙举行（单行正题）

上海艺术博览会开幕（正题）

——傅抱石、雷诺阿“喜相逢”（副题，补充内容）

薄纱下的春光（引题，虚）

——墨西哥秋冬时装展（正题，实）

2）导语。一般是会展新闻稿的第一段或第一句话。它由新闻稿中最新鲜、最主要的事实或精辟的议论组成，以吸引读者。平常所说的新闻稿的结构是“倒金字塔”式，原因就在于此。

3）主体。主体是会展新闻稿的主要部分。它承接导语，阐述导语所揭示的主题或回答导语中提出的问题，对新闻事实作具体的叙述与展开。写主体要注意主干突出、内容充实、结构严谨、层次分明。

4）背景。背景是指会展新闻事件发生的环境和原因，它说明新闻事件发生的具体条件、性质和意义，可以充实内容，烘托和突出主题。背景既可在主体部分出现，也可在导语或结尾部分出现，位置不固定。

5）结尾。结尾是会展新闻稿的最后一段或一句话，加深读者感受。

（3）会展总结报告

一般来说，就会展组织者对会展项目的总结报告而言，主要包含以下基本内容：

1）标题。会展总结报告的标题主要有两种写法：一是由总结对象名称和总结组成标题，如“2007 年上海国际汽车展总结报告”；二是采用新闻稿标题的写法，如“2006 年中国城市商业规划和地产展落幕”。

2）正文

①前言。一般概括说明举办会展的背景、依据和指导思想、基本情况（名称、届次、主办单位、时间、地点、与会者、参展商以及观众的数量和质量、总成交额等）。

②主体。主体部分的内容主要包括：本届会展活动的特点，管理运营的方法、效果和成绩，经验与问题总结，进一步发展的方向与建议。

③结尾。呼应总结主题，明确努力方向，也可在此处简单介绍下届会展活动，提前开展营销。

3）落款。在正文后写明总结单位与完稿日期。

（4）感谢信

一般来说，会展组织者发出的感谢信主要包含以下内容：

1）称谓。写明受谢单位名称或个人名称。受谢单位较多时，可用统称，如“尊敬的参展商”。

2）正文。交代感谢的原因、所得到支持和帮助的意义，介绍本次会展活动的成绩和效果，发布下届会展活动信息，邀请对方再次参与或合作。

3）落款。会展组织者单位署名，加盖公章，写明写信日期。

思考题

1. 会展策划文案有哪几种主要类型？
2. 会展营销文案有哪几种主要类型？
3. 会展运营管理文案有哪几种主要类型？
4. 请选择一个现实生活中会展活动的调研报告，总结分析其主要内容。
5. 请选择一个现实生活中会展活动的新闻稿，总结其内容构成。
6. 请选择一个现实生活中会展活动的总结报告，总结分析其主要内容。
7. 请选择一个现实生活中会展活动的感谢信，总结其内容构成。
8. 请选择一个现实生活中展览活动的观众邀请函、参展商邀请函和参展说明书，总结分析其主要内容。

参考文献

1. 沈丹阳. “十五”期间（2001—2005）中国展览业发展报告. 北京：经济日报出版社，2007

2. 过聚荣. 2006—2007 年：中国会展经济发展报告. 北京：社会科学文献出版社，2007

3. 俞华，朱立文. 会展学原理. 北京：机械工业出版社，2005

4. 胡平. 会展管理——理论与实务. 上海：华东师范大学出版社，2007

5. 过聚荣. 会展导论. 上海交通大学出版社，2006

6. 王书翠. 会展业概览. 上海：立信会计出版社，2005

7. 龚维刚. 会展实务. 上海：华东师范大学出版社，2007

8. 龚平，赵慰平. 会展概论. 上海：复旦大学出版社，2005

9. 吴信菊. 会展概论. 上海交通大学出版社，2003

10. 华谦生. 会展策划与营销. 广州：广东经济出版社，2004

11. 胡平. 会展营销. 上海：复旦大学出版社，2005

12. 刘松萍. 会展营销与策划. 北京：首都经济贸易大学出版社，2008

13. 许传宏. 会展策划. 上海：复旦大学出版社，2005

14. 王春雷，陈震. 展览会策划与管理. 北京：中国旅游出版社，2006

15. 马勇，冯玮. 会展管理. 北京：机械工业出版社，2006

16. 毛军权，王海庄. 会展文案. 上海：复旦大学出版社，2006

17. 向国敏. 会展文案. 上海：立信会计出版社，2006

18. 韩福文，夏学英. 会展政策与法规. 北京：中国商务出版社，2004